图说安全生产法 2021版

黄群 编

中国电力出版社

CHINA ELECTRIC POWER PRESS

图书在版编目（CIP）数据

图说安全生产法/黄群编．—北京：中国电力出版社，2023.6（2025.5重印）
ISBN 978-7-5198-7871-9

Ⅰ．①图…　Ⅱ．①黄…　Ⅲ．①安全生产－安全法规－中国－图解　Ⅳ．①D922.54-64

中国国家版本馆 CIP 数据核字（2023）第 091866 号

出版发行：中国电力出版社
地　　址：北京市东城区北京站西街 19 号（邮政编码 100005）
网　　址：http://www.cepp.sgcc.com.cn
责任编辑：宋红梅（010-63412383）　董艳荣
责任校对：黄　蓓　常燕昆
装帧设计：赵丽媛
责任印制：吴　迪

印　　刷：三河市万龙印装有限公司
版　　次：2023 年 6 月第一版
印　　次：2025 年 5 月北京第二次印刷
开　　本：710 毫米×1000 毫米　16 开本
印　　张：9.75
字　　数：131 千字
印　　数：2001—3000 册
定　　价：58.00 元

前　　言

2021 年新修订的《中华人民共和国安全生产法》是安全生产法制建设的一件大事，是我国安全生产法制工作的重大成就。《中华人民共和国安全生产法》作为我国安全生产领域的一部综合性、基础性的法律，不但给出了安全生产治理体系的核心构架和运行规则，而且规范了各类单位和人员的法律责任和基本义务；内容上深度融合了习近平总书记关于安全生产工作的重要论述，提出了"三管三必须""全员安全生产责任制""构建双重预防机制""从源头上防范化解重大安全风险"等新的法律亮点，对所有安全生产参与者提出了更高的要求。

然而当前大量的事故案例证明，长期的、连续的、频繁的、多环节的无知性违法行为仍然大量存在，这是造成生产安全事故的最主要原因。所以全员学习、贯彻《中华人民共和国安全生产法》，是干好安全生产工作必备的前提条件。

本书运用图解表达的方式，帮助各类读者快速阅读、快速理解、快速掌握、快速记忆《安全生产法》的相关规定和条款细节；让读者更加清晰地理解和掌握《安全生产法》的系统性、层次性、联动性、严谨性、可操作性；清楚地展现出了《安全生产法》的运行机制、安全生产治理体系结构，以及各类单位和人员的责任联动关系。本书方便各类单位对照履行《安全生产法》规定的安全生产义务，实现安全生产规章制度与国家法规相衔接且能协调运行，能够系统化地开展安全生产治理工作；也便于各类安全生产参与者提高认识，履职尽责。

由于编者的水平有限，书中如有不足之处，欢迎广大读者朋友批评指正，以便再版时修订完善。

编　者

2023 年 5 月

图例说明

XXXXXX	XXXXXX	XXXXXX	XXXXXX	XXXXXX	XXXXXX
具体的名称、单位、机构、人员、制度、机制等	具体任务、流程、程序、行为等	具有可操作性的依据、原则、特点等	法规、标准、文件、档案等	释义、概括等	抽象目标、理念、原则、方法等

XXXXXX	XXXXXX	XXXXXX	且 与	或	＋	XXX
具体的特定事件发生时刻、条件、状态等	具体的特定范围等	条件判定符号	代表"与""和"的关系符号	代表"或""或者"的关系符号	代表"与""和"关系符号	指令标志

箭头代表信息方向、流程方向、读图方向；颜色用于多流程，避免互相干扰	同等关系	优先阅读流程	相互联系	范围指示线，用来划定上下、左右的所属特性的范围	存在隐含联系	穿越箭头，只由起点和终点连接，中间无连接和交叉

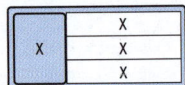

有共同特征多个具体名称或有复杂定语的名词类模块	有共同特征多个具体流程或有复杂要素的流程类模块	有共同特征多个具体文件或有复杂要素的文件类模块	有共同特征多个目标的目标类模块

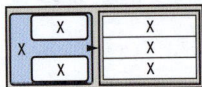

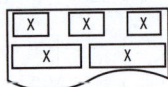

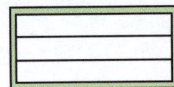

目　　　　录

第一章　总　　则

一、【立法目的】第一条

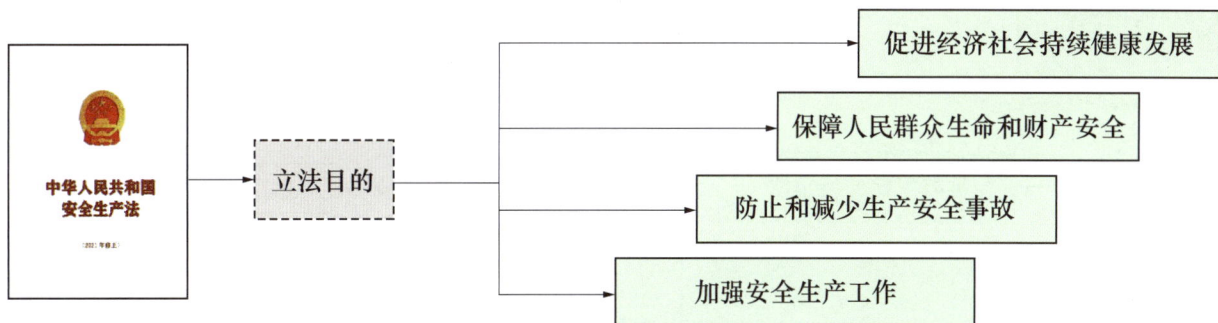

```
中华人民共和国
安全生产法       →  立法目的  →  促进经济社会持续健康发展
                              保障人民群众生命和财产安全
                              防止和减少生产安全事故
                              加强安全生产工作
```

第一条

　　为了加强安全生产工作，防止和减少生产安全事故，保障人民群众生命和财产安全，促进经济社会持续健康发展，制定本法。

二、【适用范围】第二条

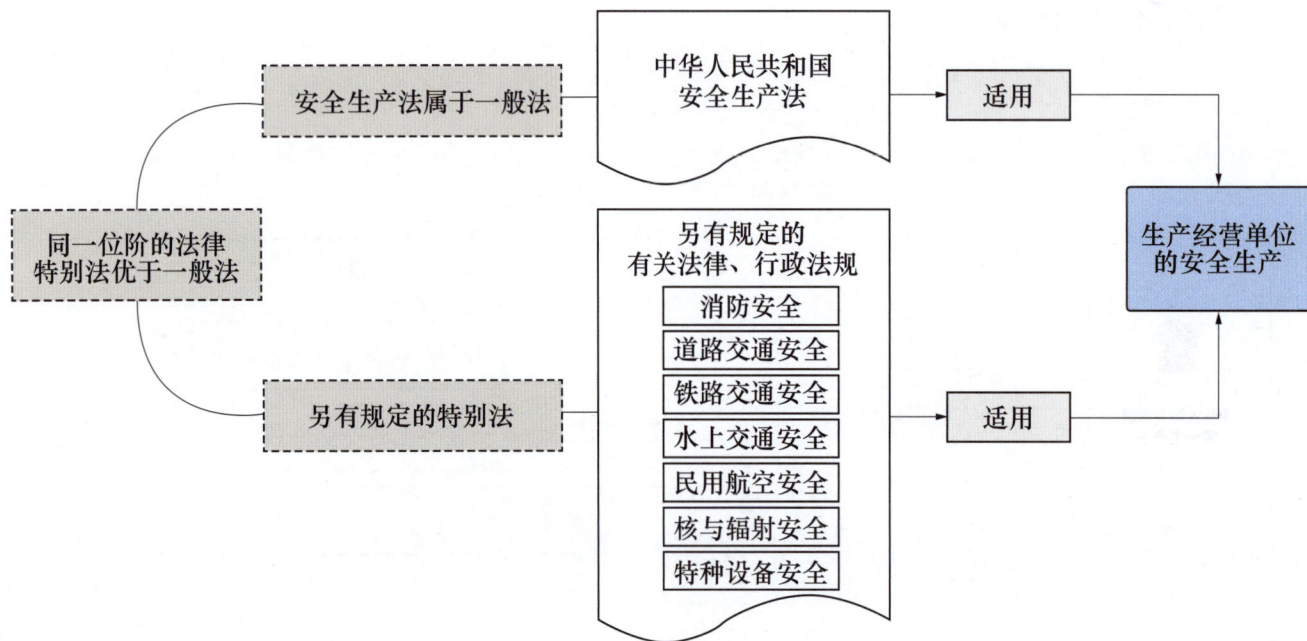

```
                                    ┌─────────────┐
                    ┌──────────────┐│中华人民共和国 │  ┌────┐
                    │安全生产法属于 ││ 安全生产法   │─▶│适用│──────┐
                    │   一般法     │└─────────────┘  └────┘      │
                    └──────────────┘                            │
┌──────────────┐                                          ┌──────────────┐
│同一位阶的法律 │                                          │生产经营单位  │
│特别法优于一般法│                                          │的安全生产    │
└──────────────┘                                          └──────────────┘
                    ┌──────────────┐┌─────────────┐               ▲
                    │              ││另有规定的    │               │
                    │              ││有关法律、行政法规│            │
                    │              │├─────────────┤  ┌────┐      │
                    │另有规定的    ││  消防安全    │  │适用│──────┘
                    │  特别法      │├─────────────┤  └────┘
                    │              ││ 道路交通安全 │
                    │              │├─────────────┤
                    └──────────────┘│ 铁路交通安全 │
                                    ├─────────────┤
                                    │ 水上交通安全 │
                                    ├─────────────┤
                                    │ 民用航空安全 │
                                    ├─────────────┤
                                    │ 核与辐射安全 │
                                    ├─────────────┤
                                    │ 特种设备安全 │
                                    └─────────────┘
```

第二条

在中华人民共和国领域内从事生产经营活动的单位（以下统称生产经营单位）的安全生产，适用本法；有关法律、行政法规对消防安全和道路交通安全、铁路交通安全、水上交通安全、民用航空安全以及核与辐射安全、特种设备安全另有规定的，适用其规定。

三、【工作方针和工作机制】第三条

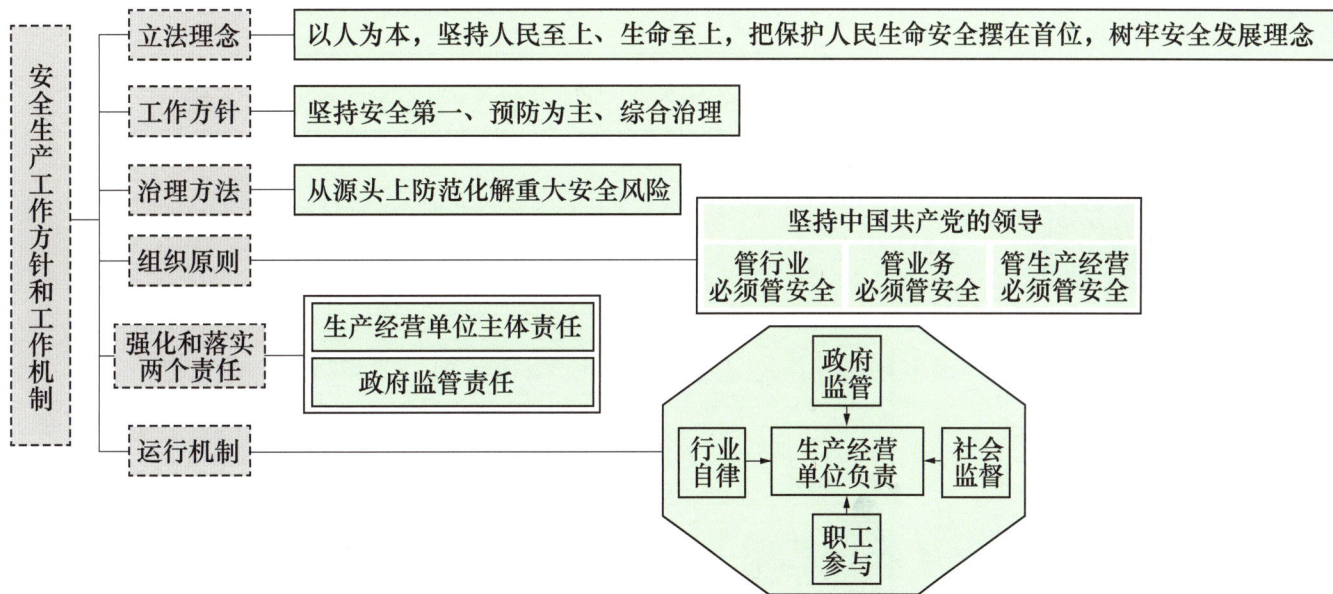

安全生产工作方针和工作机制

- 立法理念 —— 以人为本，坚持人民至上、生命至上，把保护人民生命安全摆在首位，树牢安全发展理念
- 工作方针 —— 坚持安全第一、预防为主、综合治理
- 治理方法 —— 从源头上防范化解重大安全风险
- 组织原则 ——

坚持中国共产党的领导

管行业必须管安全	管业务必须管安全	管生产经营必须管安全

- 强化和落实两个责任 ——
  - 生产经营单位主体责任
  - 政府监管责任
- 运行机制 ——

政府监管

行业自律 — 生产经营单位负责 — 社会监督

职工参与

第三条

安全生产工作坚持中国共产党的领导。

安全生产工作应当以人为本，坚持人民至上、生命至上，把保护人民生命安全摆在首位，树牢安全发展理念，坚持安全第一、预防为主、综合治理的方针，从源头上防范化解重大安全风险。

安全生产工作实行管行业必须管安全、管业务必须管安全、管生产经营必须管安全，强化和落实生产经营单位主体责任与政府监管责任，建立生产经营单位负责、职工参与、政府监管、行业自律和社会监督的机制。

四、【生产经营单位的基本义务】第四条

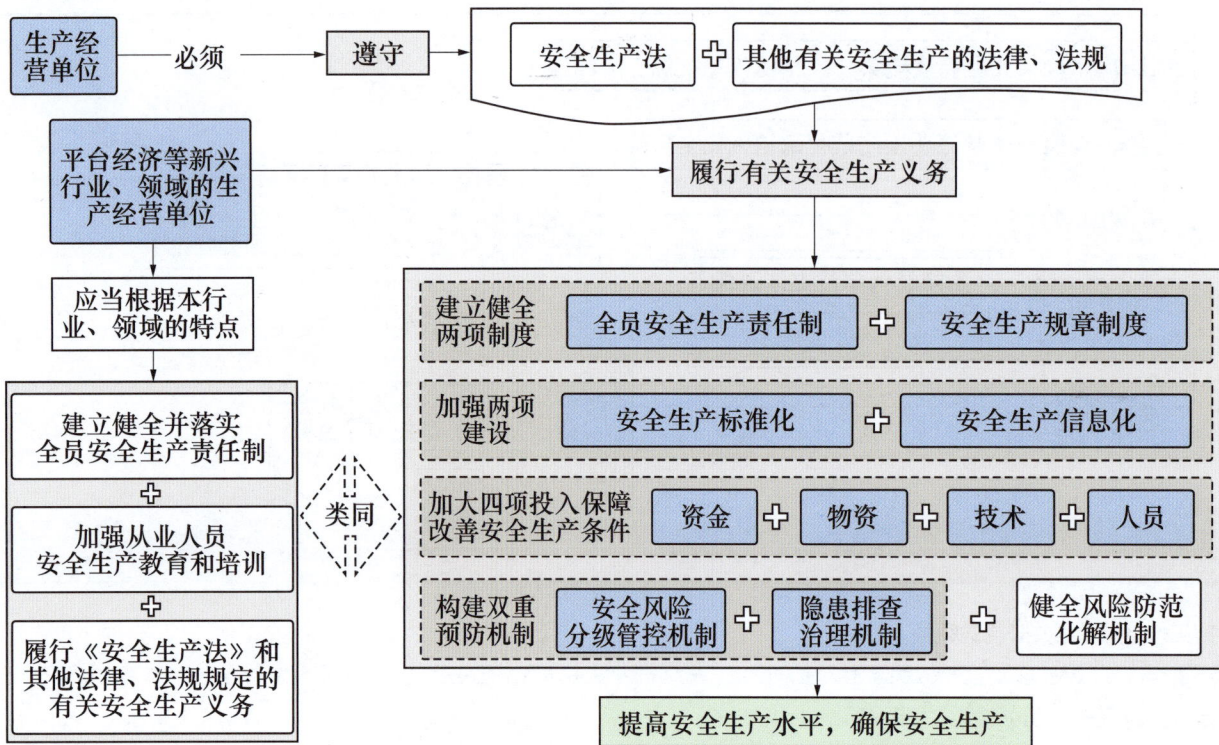

```
┌─────────┐         ┌──────┐      ┌─────────────┐   ┌──────────────────────────┐
│ 生产经   │  必须   │      │      │             │ + │                          │
│ 营单位   │───────→ │ 遵守 │────→ │  安全生产法  │   │ 其他有关安全生产的法律、法规 │
└─────────┘         └──────┘      └─────────────┘   └──────────────────────────┘
```

```
┌─────────────┐                        ┌────────────────────┐
│ 平台经济等新兴 │                        │  履行有关安全生产义务  │
│ 行业、领域的生 │───────────────────────→│                    │
│ 产经营单位    │                        └────────────────────┘
└─────────────┘
```

应当根据本行业、领域的特点

建立健全并落实全员安全生产责任制
+
加强从业人员安全生产教育和培训
+
履行《安全生产法》和其他法律、法规规定的有关安全生产义务

类同

建立健全两项制度 — 全员安全生产责任制 + 安全生产规章制度

加强两项建设 — 安全生产标准化 + 安全生产信息化

加大四项投入保障改善安全生产条件 — 资金 + 物资 + 技术 + 人员

构建双重预防机制 — 安全风险分级管控机制 + 隐患排查治理机制 + 健全风险防范化解机制

提高安全生产水平，确保安全生产

第四条

　　生产经营单位必须遵守本法和其他有关安全生产的法律、法规，加强安全生产管理，建立健全全员安全生产责任制和安全生产规章制度，加大对安全生产资金、物资、技术、人员的投入保障力度，改善安全生产条件，加强安全生产标准化、信息化建设，构建安全风险分级管控和隐患排查治理双重预防机制，健全风险防范化解机制，提高安全生产水平，确保安全生产。

　　平台经济等新兴行业、领域的生产经营单位应当根据本行业、领域的特点，建立健全并落实全员安全生产责任制，加强从业人员安全生产教育和培训，履行本法和其他法律、法规规定的有关安全生产义务。

五、【生产经营单位各类人员的安全生产职责】第五条、第六条、第七条

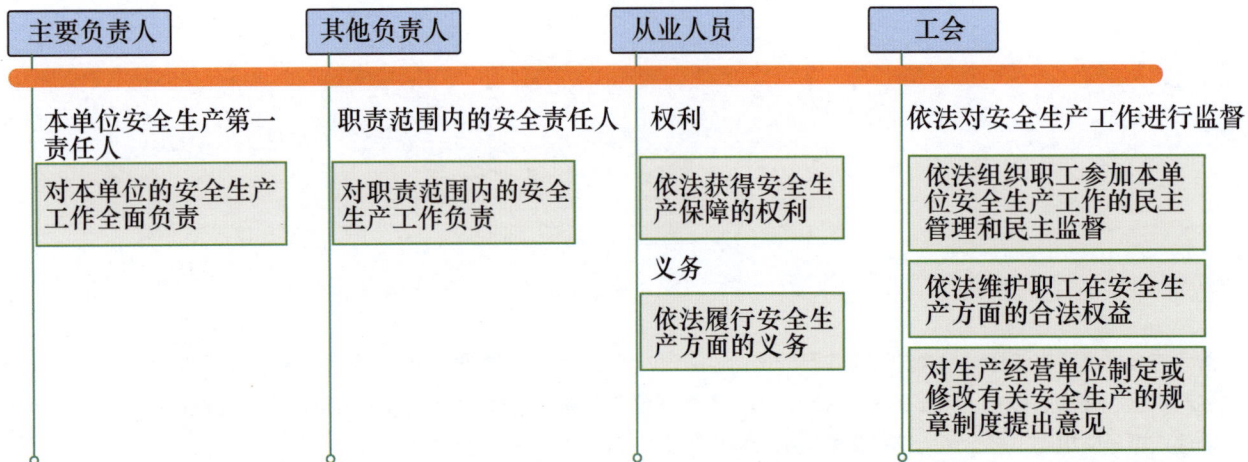

主要负责人	其他负责人	从业人员	工会
本单位安全生产第一责任人	职责范围内的安全责任人	权利	依法对安全生产工作进行监督
对本单位的安全生产工作全面负责	对职责范围内的安全生产工作负责	依法获得安全生产保障的权利	依法组织职工参加本单位安全生产工作的民主管理和民主监督
		义务	依法维护职工在安全生产方面的合法权益
		依法履行安全生产方面的义务	对生产经营单位制定或修改有关安全生产的规章制度提出意见

第五条

生产经营单位的主要负责人是本单位安全生产第一责任人，对本单位的安全生产工作全面负责。其他负责人对职责范围内的安全生产工作负责。

第六条

生产经营单位的从业人员有依法获得安全生产保障的权利，并应当依法履行安全生产方面的义务。

第七条

工会依法对安全生产工作进行监督。

生产经营单位的工会依法组织职工参加本单位安全生产工作的民主管理和民主监督，维护职工在安全生产方面的合法权益。生产经营单位制定或者修改有关安全生产的规章制度，应当听取工会的意见。

六、【各级人民政府的规划职责】第八条

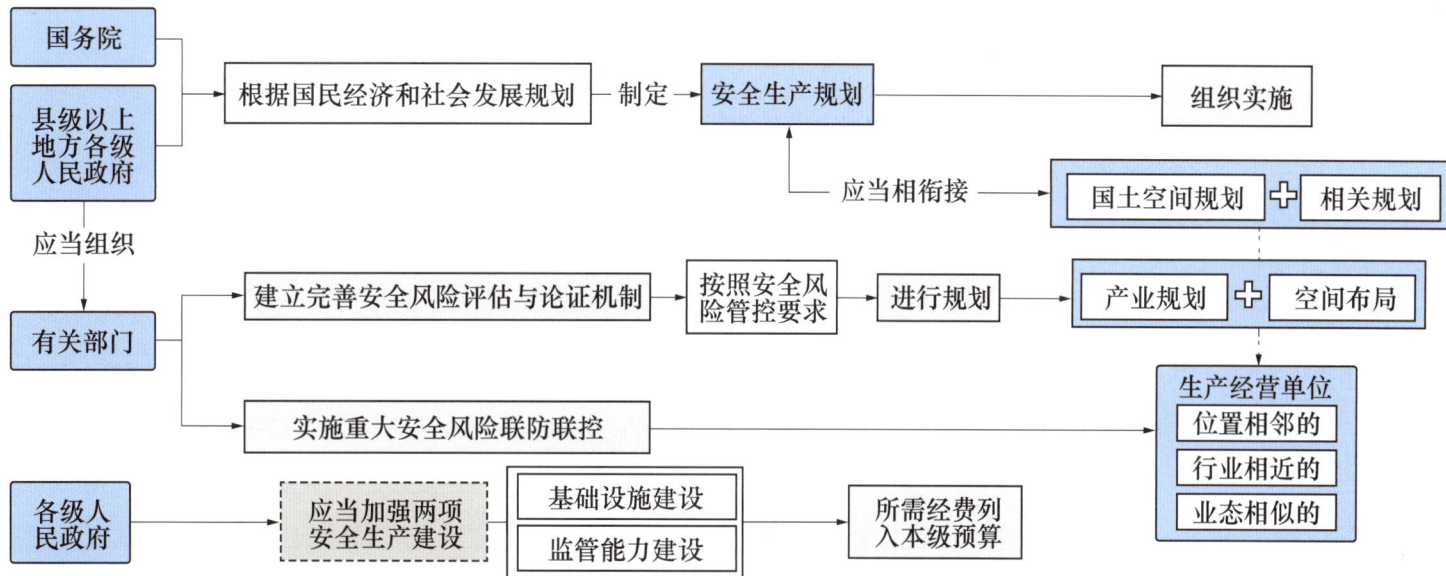

```
国务院
县级以上
地方各级 ──→ 根据国民经济和社会发展规划 ─制定─ 安全生产规划 ──────→ 组织实施
人民政府
                                              ↑
                                          应当相衔接 ← 国土空间规划 ➕ 相关规划
应当组织
   ↓
有关部门 ──→ 建立完善安全风险评估与论证机制 → 按照安全风 → 进行规划 → 产业规划 ➕ 空间布局
                                        险管控要求
        └─→ 实施重大安全风险联防联控 ──────────────────→ 生产经营单位
                                                      位置相邻的
各级人    应当加强两项   基础设施建设   所需经费列            行业相近的
民政府 ─→ 安全生产建设                 入本级预算            业态相似的
                       监管能力建设
```

第八条

　　国务院和县级以上地方各级人民政府应当根据国民经济和社会发展规划制定安全生产规划，并组织实施。安全生产规划应当与国土空间规划等相关规划相衔接。

　　各级人民政府应当加强安全生产基础设施建设和安全生产监管能力建设，所需经费列入本级预算。

　　县级以上地方各级人民政府应当组织有关部门建立完善安全风险评估与论证机制，按照安全风险管控要求，进行产业规划和空间布局，并对位置相邻、行业相近、业态相似的生产经营单位实施重大安全风险联防联控。

七、【各级人民政府的监管职责】第九条

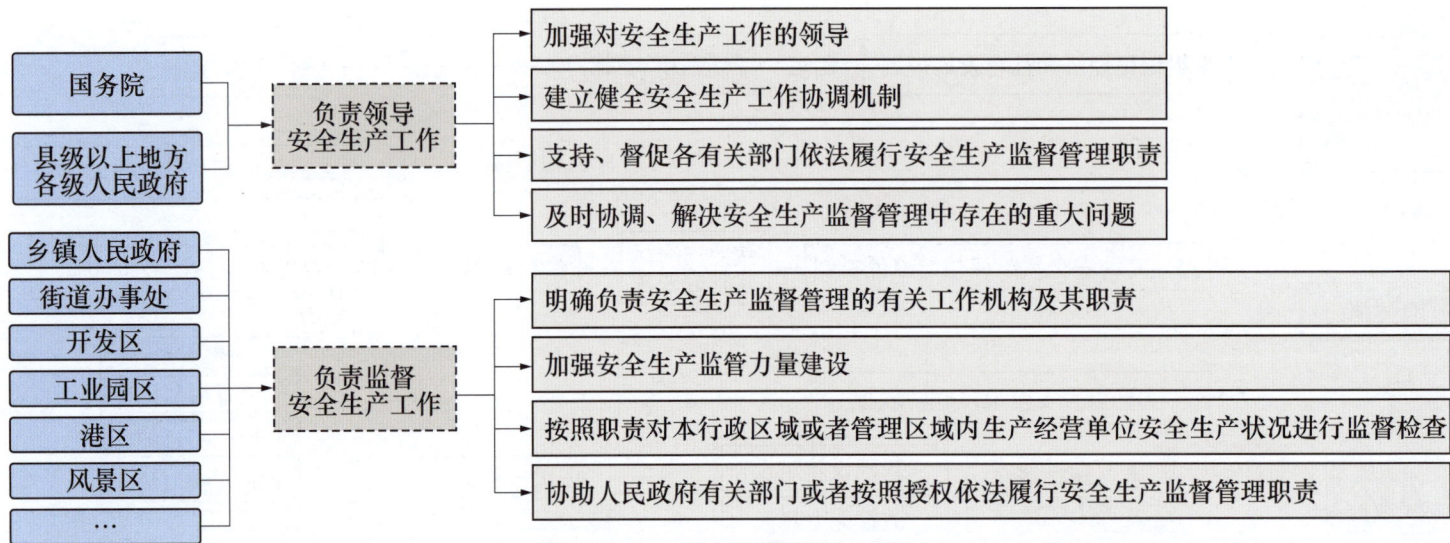

```
┌──────────────┐
│   国务院     │───┐        ┌──────────────┐        ┌─────────────────────────────────────────┐
└──────────────┘   │        │              │───────▶│  加强对安全生产工作的领导                 │
┌──────────────┐   ├───────▶│  负责领导    │        └─────────────────────────────────────────┘
│县级以上地方  │───┘        │ 安全生产工作 │───────▶│  建立健全安全生产工作协调机制             │
│各级人民政府  │            │              │        └─────────────────────────────────────────┘
└──────────────┘            └──────────────┘───────▶│  支持、督促各有关部门依法履行安全生产监督管理职责│
                                                      └─────────────────────────────────────────┘
                                                     ▶│  及时协调、解决安全生产监督管理中存在的重大问题 │
                                                      └─────────────────────────────────────────┘
┌──────────────┐
│ 乡镇人民政府 │───┐
└──────────────┘   │        ┌──────────────┐        ┌─────────────────────────────────────────────────┐
┌──────────────┐   │        │              │───────▶│  明确负责安全生产监督管理的有关工作机构及其职责   │
│ 街道办事处   │───┤        │  负责监督    │        └─────────────────────────────────────────────────┘
└──────────────┘   │        │ 安全生产工作 │───────▶│  加强安全生产监管力量建设                         │
┌──────────────┐   ├───────▶│              │        └─────────────────────────────────────────────────┘
│   开发区     │───┤        └──────────────┘───────▶│  按照职责对本行政区域或者管理区域内生产经营单位安全生产状况进行监督检查│
└──────────────┘   │                                └─────────────────────────────────────────────────┘
┌──────────────┐   │                               ▶│  协助人民政府有关部门或者按照授权依法履行安全生产监督管理职责│
│   工业园区   │───┤                                └─────────────────────────────────────────────────┘
└──────────────┘   │
┌──────────────┐   │
│    港区      │───┤
└──────────────┘   │
┌──────────────┐   │
│    风景区    │───┤
└──────────────┘   │
┌──────────────┐   │
│     …       │───┘
└──────────────┘
```

第九条

　　国务院和县级以上地方各级人民政府应当加强对安全生产工作的领导，建立健全安全生产工作协调机制，支持、督促各有关部门依法履行安全生产监督管理职责，及时协调、解决安全生产监督管理中存在的重大问题。

　　乡镇人民政府和街道办事处，以及开发区、工业园区、港区、风景区等应当明确负责安全生产监督管理的有关工作机构及其职责，加强安全生产监管力量建设，按照职责对本行政区域或者管理区域内生产经营单位安全生产状况进行监督检查，协助人民政府有关部门或者按照授权依法履行安全生产监督管理职责。

八、【监督管理体制】第十条

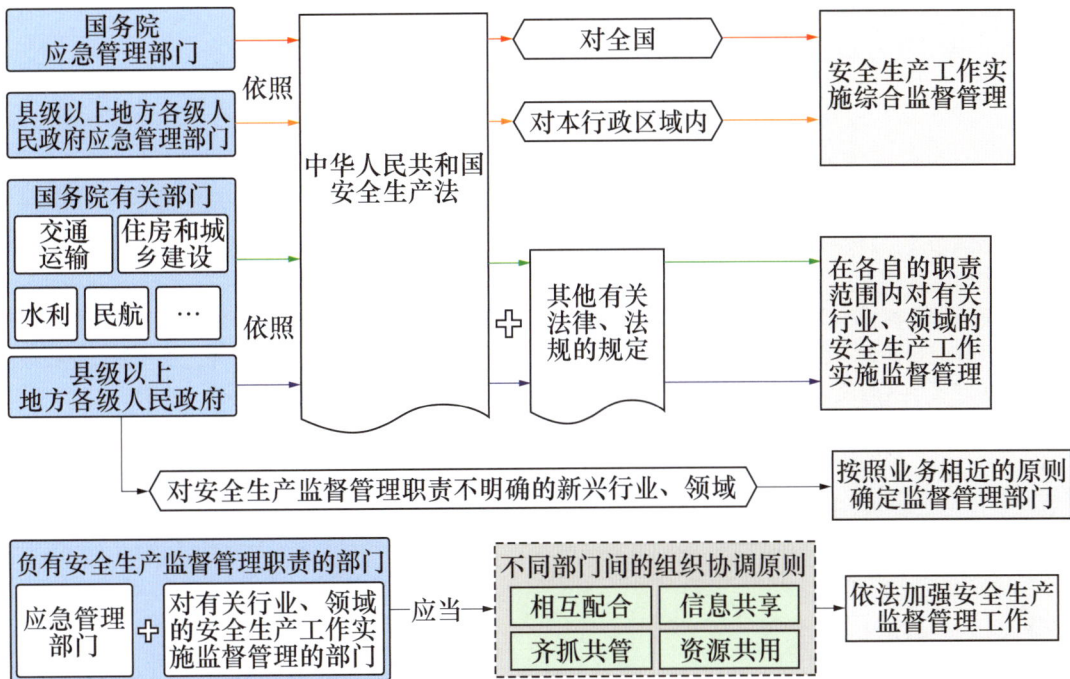

```
国务院
应急管理部门    ──→  中华人民共和国  ──→  对全国      ──→  安全生产工作实
                    安全生产法                              施综合监督管理
县级以上地方各级人  依照              ──→  对本行政区域内 ──→
民政府应急管理部门

国务院有关部门
交通  住房和城          ──→              其他有关    ──→  在各自的职责
运输  乡建设                              法律、法            范围内对有关
水利 民航 …           依照      ＋       规的规定           行业、领域的
                                                           安全生产工作
县级以上                  ──→                           实施监督管理
地方各级人民政府

        对安全生产监督管理职责不明确的新兴行业、领域  ──→  按照业务相近的原则
                                                           确定监督管理部门

负有安全生产监督管理职责的部门                  不同部门间的组织协调原则
应急管理  对有关行业、领域  应当  相互配合  信息共享  ──→  依法加强安全生产
部门  ＋  的安全生产工作实                                监督管理工作
          施监督管理的部门        齐抓共管  资源共用
```

第十条

　　国务院应急管理部门依照本法，对全国安全生产工作实施综合监督管理；县级以上地方各级人民政府应急管理部门依照本法，对本行政区域内安全生产工作实施综合监督管理。

　　国务院交通运输、住房和城乡建设、水利、民航等有关部门依照本法和其他有关法律、行政法规的规定，在各自的职责范围内对有关行业、领域的安全生产工作实施监督管理；县级以上地方各级人民政府有关部门依照本法和其他有关法律、法规的规定，在各自的职责范围内对有关行业、领域的安全生产工作实施监督管理。对新兴行业、领域的安全生产监督管理职责不明确的，由县级以上地方各级人民政府按照业务相近的原则确定监督管理部门。

　　应急管理部门和对有关行业、领域的安全生产工作实施监督管理的部门，统称负有安全生产监督管理职责的部门。负有安全生产监督管理职责的部门应当相互配合、齐抓共管、信息共享、资源共用，依法加强安全生产监督管理工作。

九、【国家标准、行业标准的制定和执行】第十一条

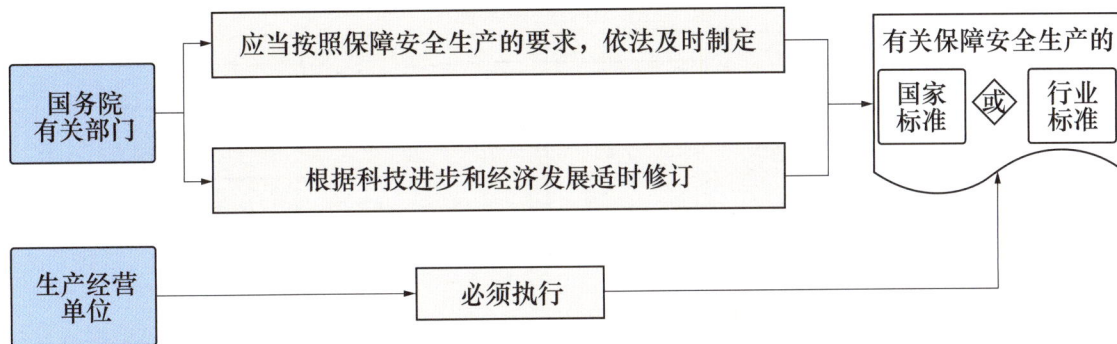

```
国务院        →  应当按照保障安全生产的要求，依法及时制定  →  有关保障安全生产的
有关部门                                                        国家标准 或 行业标准
              →  根据科技进步和经济发展适时修订           →

生产经营      →  必须执行  →
单位
```

第十一条

国务院有关部门应当按照保障安全生产的要求，依法及时制定有关的国家标准或者行业标准，并根据科技进步和经济发展适时修订。

生产经营单位必须执行依法制定的保障安全生产的国家标准或者行业标准。

十、【强制性国家标准的制定与实施】第十二条

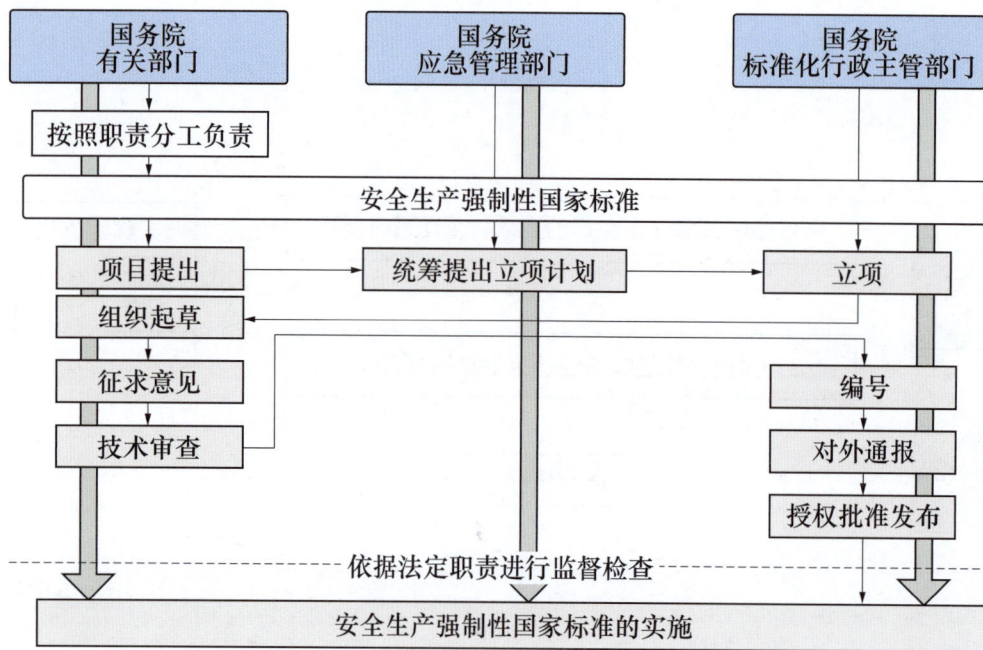

```
┌──────────────┐  ┌──────────────┐  ┌──────────────┐
│  国务院       │  │  国务院       │  │  国务院       │
│ 有关部门      │  │ 应急管理部门  │  │标准化行政主管部门│
└──────────────┘  └──────────────┘  └──────────────┘
```

按照职责分工负责

安全生产强制性国家标准

| 项目提出 | 统筹提出立项计划 | 立项 |

组织起草

征求意见

技术审查

编号

对外通报

授权批准发布

- - - - - 依据法定职责进行监督检查 - - - - -

安全生产强制性国家标准的实施

第十二条

国务院有关部门按照职责分工负责安全生产强制性国家标准的项目提出、组织起草、征求意见、技术审查。国务院应急管理部门统筹提出安全生产强制性国家标准的立项计划。国务院标准化行政主管部门负责安全生产强制性国家标准的立项、编号、对外通报和授权批准发布工作。国务院标准化行政主管部门、有关部门依据法定职责对安全生产强制性国家标准的实施进行监督检查。

十一、【宣传教育】第十三条

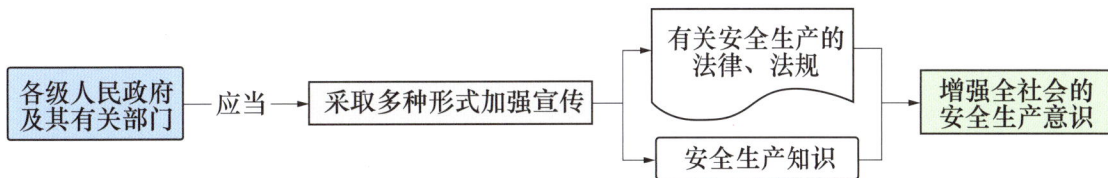

各级人民政府及其有关部门 —应当→ 采取多种形式加强宣传 —→ 有关安全生产的法律、法规 / 安全生产知识 —→ 增强全社会的安全生产意识

第十三条

各级人民政府及其有关部门应当采取多种形式，加强对有关安全生产的法律、法规和安全生产知识的宣传，增强全社会的安全生产意识。

十二、【协会组织的职责】第十四条

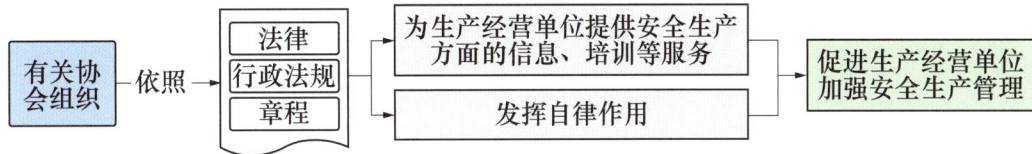

有关协会组织 —依照→ 法律 / 行政法规 / 章程 —→ 为生产经营单位提供安全生产方面的信息、培训等服务 / 发挥自律作用 —→ 促进生产经营单位加强安全生产管理

第十四条

有关协会组织依照法律、行政法规和章程，为生产经营单位提供安全生产方面的信息、培训等服务，发挥自律作用，促进生产经营单位加强安全生产管理。

十三、【安全生产服务机构的职责】第十五条

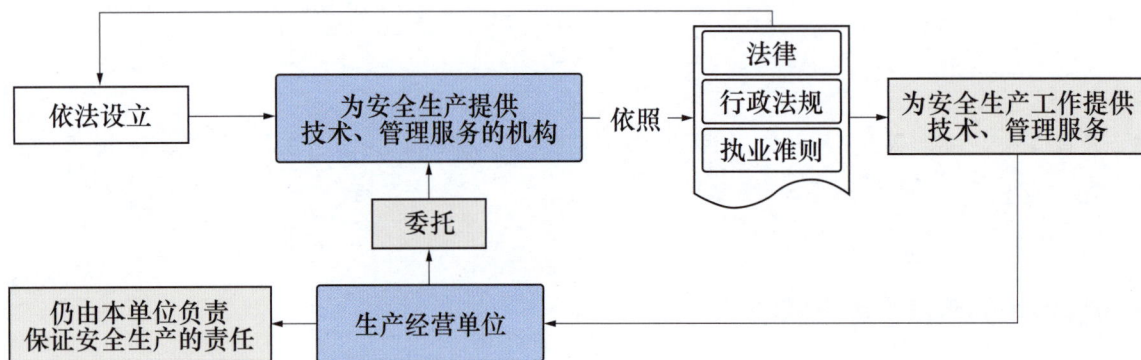

```
                    ┌──────────────────────────────────────┐
                    │                                      │
                    ↓                                      │
┌──────────┐    ┌──────────────────┐         ┌────────┐   ┌──────────────────┐
│ 依法设立 │───→│  为安全生产提供   │  依照   │  法律  │   │ 为安全生产工作提供 │
└──────────┘    │ 技术、管理服务的机构│────────→│ 行政法规 │──→│  技术、管理服务    │
                └──────────────────┘         │ 执业准则 │   └──────────────────┘
                         ↑                    └────────┘            │
                    ┌────────┐                                      │
                    │  委托  │                                      │
                    └────────┘                                      │
                         ↑                                          │
┌──────────────┐    ┌──────────────┐                               │
│ 仍由本单位负责 │←───│ 生产经营单位  │←──────────────────────────────┘
│ 保证安全生产的责任│    └──────────────┘
└──────────────┘
```

第十五条 ●───

　　依法设立的为安全生产提供技术、管理服务的机构，依照法律、行政法规和执业准则，接受生产经营单位的委托为其安全生产工作提供技术、管理服务。

　　生产经营单位委托前款规定的机构提供安全生产技术、管理服务的，保证安全生产的责任仍由本单位负责。

十四、【事故责任追究制度】第十六条

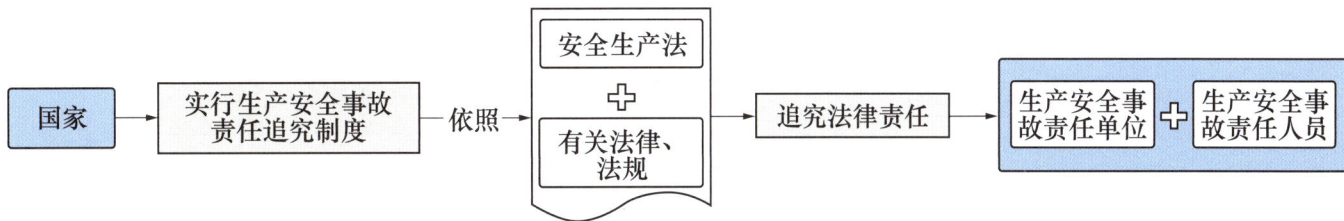

国家 → 实行生产安全事故责任追究制度 →依照→ 安全生产法 ✚ 有关法律、法规 → 追究法律责任 → 生产安全事故责任单位 ✚ 生产安全事故责任人员

第十六条

国家实行生产安全事故责任追究制度，依照本法和有关法律、法规的规定，追究生产安全事故责任单位和责任人员的法律责任。

十五、【接受监督机制】第十七条

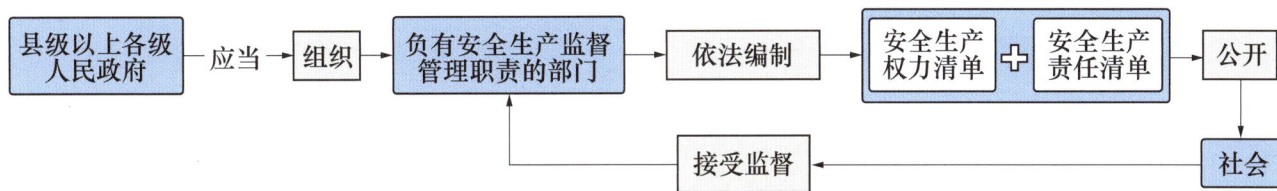

县级以上各级人民政府 →应当→ 组织 → 负有安全生产监督管理职责的部门 → 依法编制 → 安全生产权力清单 ✚ 安全生产责任清单 → 公开 → 社会 → 接受监督 →（返回 负有安全生产监督管理职责的部门）

第十七条

县级以上各级人民政府应当组织负有安全生产监督管理职责的部门依法编制安全生产权力和责任清单，公开并接受社会监督。

十六、【科学技术研究与推广应用】第十八条

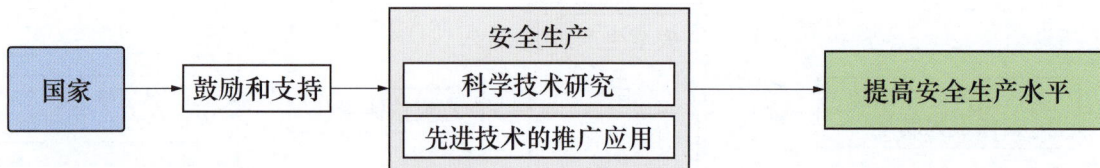

```
                            安全生产
┌────────┐   ┌──────────┐  ┌─────────────────┐      ┌──────────────┐
│  国家  │──▶│ 鼓励和支持 │─▶│   科学技术研究   │──────▶│ 提高安全生产水平 │
└────────┘   └──────────┘  ├─────────────────┤      └──────────────┘
                           │ 先进技术的推广应用 │
                           └─────────────────┘
```

第十八条

国家鼓励和支持安全生产科学技术研究和安全生产先进技术的推广应用，提高安全生产水平。

十七、【国家奖励】第十九条

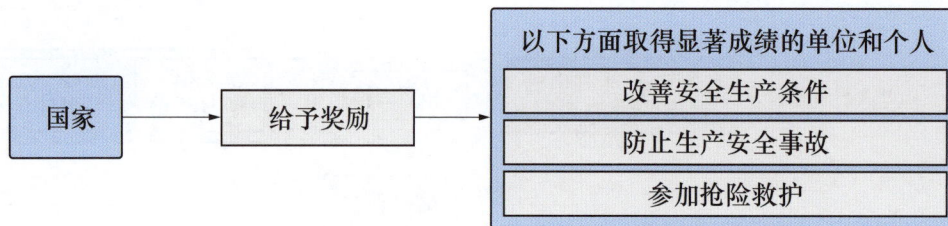

```
                              ┌──────────────────────────┐
                              │ 以下方面取得显著成绩的单位和个人 │
┌────────┐   ┌──────────┐    ├──────────────────────────┤
│  国家  │──▶│ 给予奖励  │──▶│      改善安全生产条件       │
└────────┘   └──────────┘    ├──────────────────────────┤
                              │      防止生产安全事故       │
                              ├──────────────────────────┤
                              │        参加抢险救护        │
                              └──────────────────────────┘
```

第十九条

国家对在改善安全生产条件、防止生产安全事故、参加抢险救护等方面取得显著成绩的单位和个人，给予奖励。

第二章 生产经营单位的安全生产保障

十八、【安全生产条件】第二十条

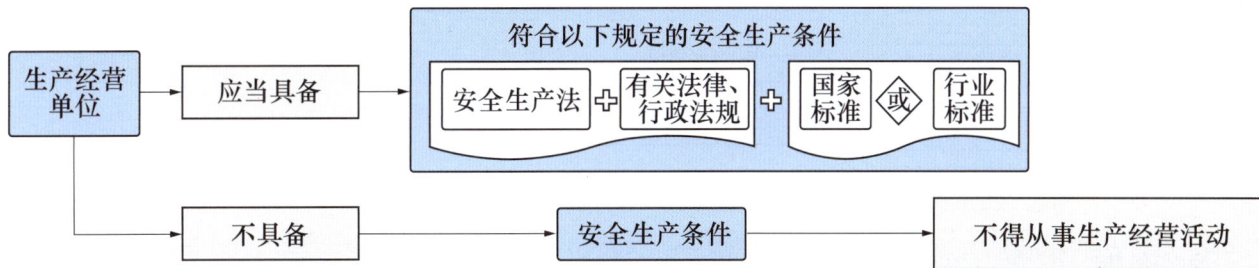

第二十条

　　生产经营单位应当具备本法和有关法律、行政法规和国家标准或者行业标准规定的安全生产条件；不具备安全生产条件的，不得从事生产经营活动。

十九、【生产经营单位主要负责人安全生产职责】第二十一条

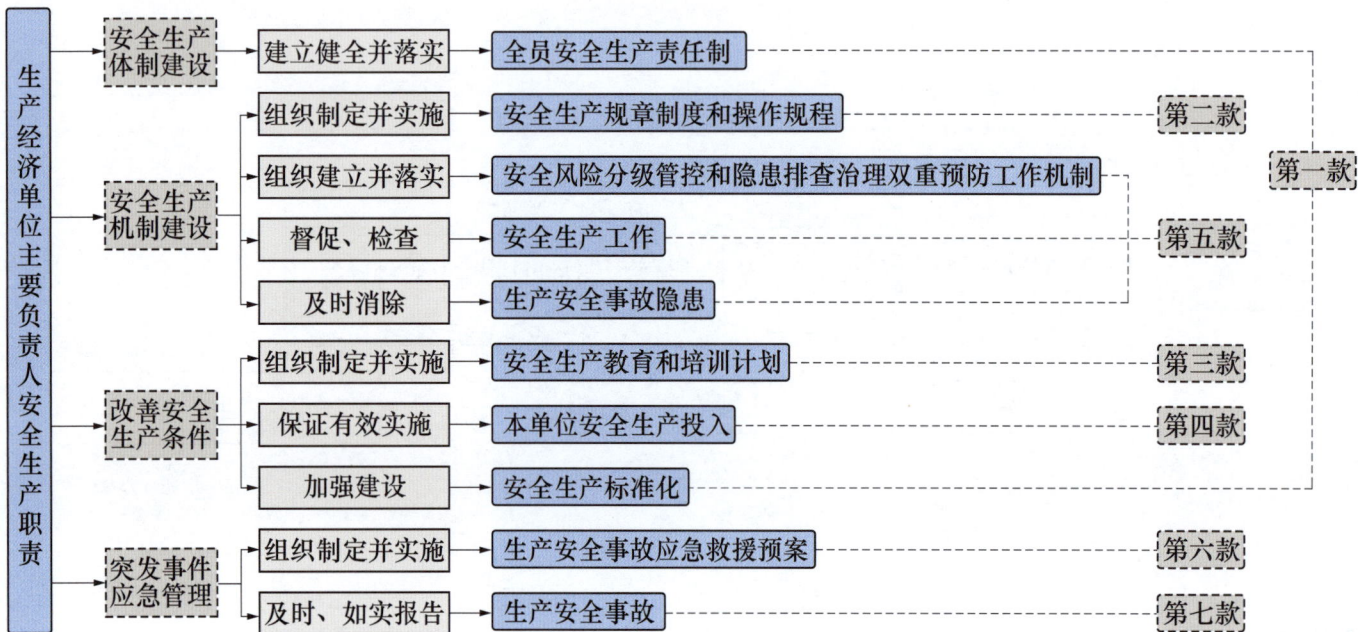

生产经济单位主要负责人安全生产职责

安全生产体制建设 → 建立健全并落实 → 全员安全生产责任制

安全生产机制建设 → 组织制定并实施 → 安全生产规章制度和操作规程 —— 第二款

组织建立并落实 → 安全风险分级管控和隐患排查治理双重预防工作机制

督促、检查 → 安全生产工作 —— 第五款

及时消除 → 生产安全事故隐患

改善安全生产条件 → 组织制定并实施 → 安全生产教育和培训计划 —— 第三款

保证有效实施 → 本单位安全生产投入 —— 第四款

加强建设 → 安全生产标准化

突发事件应急管理 → 组织制定并实施 → 生产安全事故应急救援预案 —— 第六款

及时、如实报告 → 生产安全事故 —— 第七款

第一款

第二十一条

　　生产经营单位的主要负责人对本单位安全生产工作负有下列职责：

　　（一）建立健全并落实本单位全员安全生产责任制，加强安全生产标准化建设；

　　（二）组织制定并实施本单位安全生产规章制度和操作规程；

　　（三）组织制定并实施本单位安全生产教育和培训计划；

　　（四）保证本单位安全生产投入的有效实施；

　　（五）组织建立并落实安全风险分级管控和隐患排查治理双重预防工作机制，督促、检查本单位的安全生产工作，及时消除生产安全事故隐患；

　　（六）组织制定并实施本单位的生产安全事故应急救援预案；

　　（七）及时、如实报告生产安全事故。

二十、【全员安全生产责任制】第二十二条

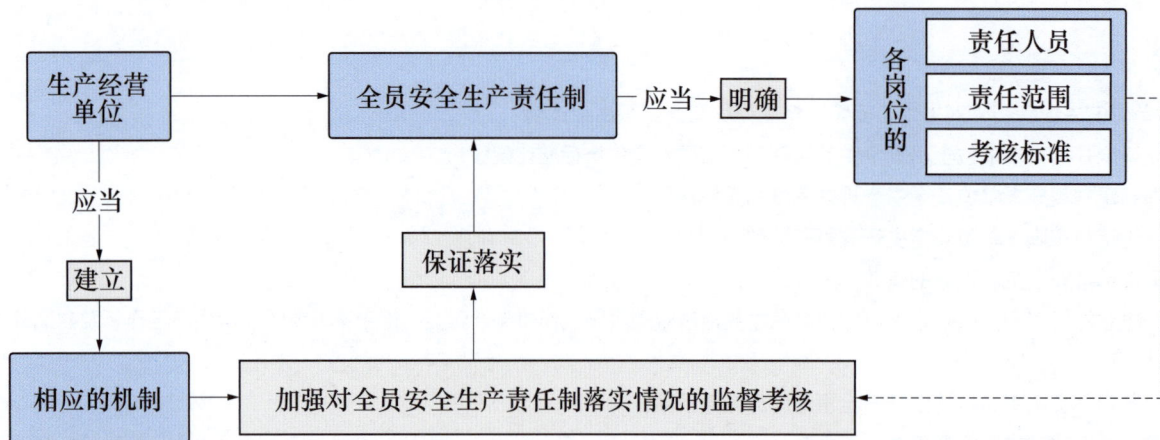

```
┌──────────┐        ┌──────────────────┐           ┌────────┐        ┌──────────┬──────────┐
│ 生产经营 │───────→│  全员安全生产责任制  │──应当──→│  明确  │───────→│各        │  责任人员  │
│   单位   │        └──────────────────┘           └────────┘        │岗        ├──────────┤
└──────────┘                  ↑                                       │位        │  责任范围  │
     │                        │                                       │的        ├──────────┤
    应当                   ┌────────┐                                  │          │  考核标准  │
     │                    │ 保证落实 │                                 └──────────┴──────────┘
     ↓                    └────────┘                                             ┊
 ┌────────┐                                                                      ┊
 │  建立  │                    ↑                                                 ┊
 └────────┘                    │                                                 ┊
     │                         │                                                 ┊
     ↓                         │                                                 ┊
┌──────────┐     ┌──────────────────────────────────────────┐                  ┊
│ 相应的机制 │───→│   加强对全员安全生产责任制落实情况的监督考核   │←┈┈┈┈┈┈┈┈┈┈┈┈┈┈┘
└──────────┘     └──────────────────────────────────────────┘
```

第二十二条

　　生产经营单位的全员安全生产责任制应当明确各岗位的责任人员、责任范围和考核标准等内容。

　　生产经营单位应当建立相应的机制，加强对全员安全生产责任制落实情况的监督考核，保证全员安全生产责任制的落实。

二十一、【资金投入及费用管理】第二十三条

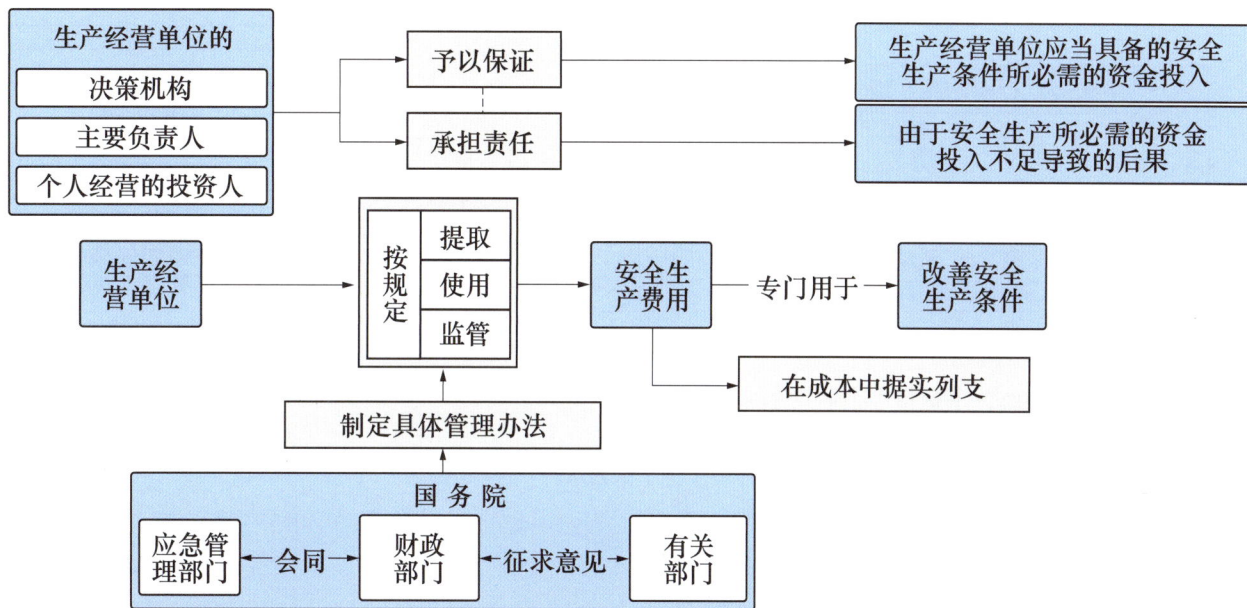

```
┌─────────────────┐
│ 生产经营单位的   │          ┌──────────┐          ┌──────────────────────┐
├─────────────────┤    ┌────→│ 予以保证 │─────────→│ 生产经营单位应当具备的安全 │
│ 决策机构        │    │     └──────────┘          │ 生产条件所必需的资金投入  │
├─────────────────┤────┤                            └──────────────────────┘
│ 主要负责人      │    │     ┌──────────┐          ┌──────────────────────┐
├─────────────────┤    └────→│ 承担责任 │─────────→│ 由于安全生产所必需的资金  │
│ 个人经营的投资人 │          └──────────┘          │ 投入不足导致的后果      │
└─────────────────┘                                 └──────────────────────┘
```

```
┌────────┐         ┌──────┬──────┐       ┌────────┐            ┌────────┐
│ 生产经   │        │ 按   │ 提取 │       │ 安全   │  专门用于   │ 改善安全 │
│ 营单位   │───────→│ 规   ├──────┤──────→│ 生产费用│──────────→│ 生产条件 │
└────────┘         │ 定   │ 使用 │       └────────┘            └────────┘
                    │      ├──────┤            │
                    │      │ 监管 │            ↓
                    └──────┴──────┘       ┌──────────────┐
                         ↑                │ 在成本中据实列支 │
                ┌──────────────┐          └──────────────┘
                │ 制定具体管理办法 │
                └──────────────┘
         ┌─────────────────────────────────────┐
         │              国 务 院                │
         │ ┌──────┐       ┌──────┐        ┌──────┐ │
         │ │ 应急管 │←会同→│ 财政 │←征求意见→│ 有关 │ │
         │ │ 理部门 │       │ 部门 │        │ 部门 │ │
         │ └──────┘       └──────┘        └──────┘ │
         └─────────────────────────────────────┘
```

第二十三条

　　生产经营单位应当具备的安全生产条件所必需的资金投入，由生产经营单位的决策机构、主要负责人或者个人经营的投资人予以保证，并对由于安全生产所必需的资金投入不足导致的后果承担责任。

　　有关生产经营单位应当按照规定提取和使用安全生产费用，专门用于改善安全生产条件。安全生产费用在成本中据实列支。安全生产费用提取、使用和监督管理的具体办法由国务院财政部门会同国务院应急管理部门征求国务院有关部门意见后制定。

二十二、【安全生产管理机构及人员配置】第二十四条

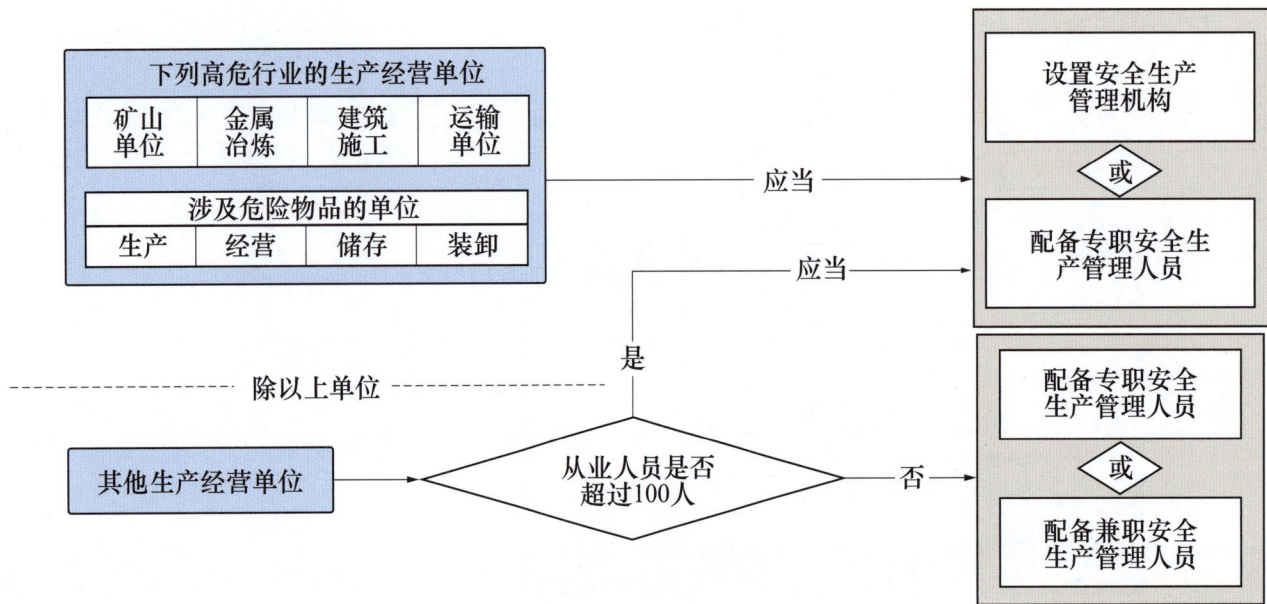

下列高危行业的生产经营单位			
矿山单位	金属冶炼	建筑施工	运输单位
涉及危险物品的单位			
生产	经营	储存	装卸

应当 →

设置安全生产管理机构

或

配备专职安全生产管理人员

应当 →

是

- - - - - - - - - 除以上单位 - - - - - - - - -

其他生产经营单位 → 从业人员是否超过100人 **否** →

配备专职安全生产管理人员

或

配备兼职安全生产管理人员

第二十四条

　　矿山、金属冶炼、建筑施工、运输单位和危险物品的生产、经营、储存、装卸单位，应当设置安全生产管理机构或者配备专职安全生产管理人员。

　　前款规定以外的其他生产经营单位，从业人员超过一百人的，应当设置安全生产管理机构或者配备专职安全生产管理人员；从业人员在一百人以下的，应当配备专职或者兼职的安全生产管理人员。

二十三、【安全生产管理机构及人员的职责】第二十五条

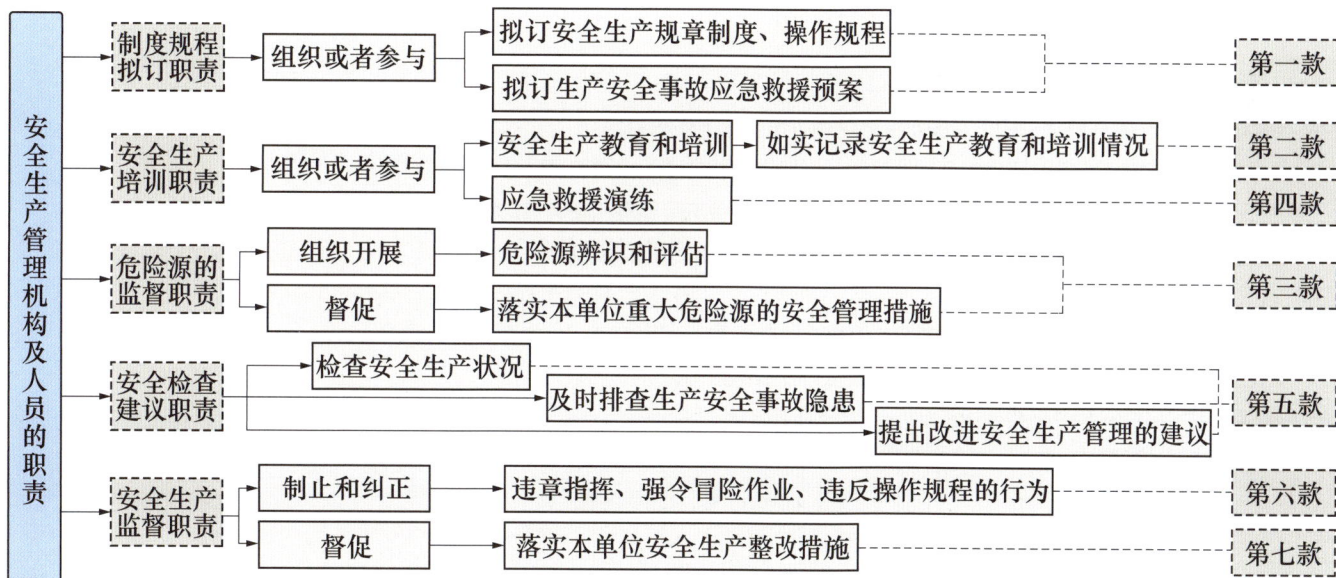

```
安全生产管理机构及人员的职责
├─ 制度规程拟订职责 ─ 组织或者参与 ┬─ 拟订安全生产规章制度、操作规程 ┐
│                                  └─ 拟订生产安全事故应急救援预案 ─┘─ 第一款
├─ 安全生产培训职责 ─ 组织或者参与 ┬─ 安全生产教育和培训 ─ 如实记录安全生产教育和培训情况 ─ 第二款
│                                  └─ 应急救援演练 ─ 第四款
├─ 危险源的监督职责 ┬─ 组织开展 ─ 危险源辨识和评估 ┐
│                   └─ 督促 ─ 落实本单位重大危险源的安全管理措施 ┘─ 第三款
├─ 安全检查建议职责 ┬─ 检查安全生产状况
│                   ├─ 及时排查生产安全事故隐患 ┐
│                   └─ 提出改进安全生产管理的建议 ┘─ 第五款
└─ 安全生产监督职责 ┬─ 制止和纠正 ─ 违章指挥、强令冒险作业、违反操作规程的行为 ─ 第六款
                    └─ 督促 ─ 落实本单位安全生产整改措施 ─ 第七款
```

第二十五条 ●

生产经营单位的安全生产管理机构以及安全生产管理人员履行下列职责：

（一）组织或者参与拟订本单位安全生产规章制度、操作规程和生产安全事故应急救援预案；

（二）组织或者参与本单位安全生产教育和培训，如实记录安全生产教育和培训情况；

（三）组织开展危险源辨识和评估，督促落实本单位重大危险源的安全管理措施；

（四）组织或者参与本单位应急救援演练；

（五）检查本单位的安全生产状况，及时排查生产安全事故隐患，提出改进安全生产管理的建议；

（六）制止和纠正违章指挥、强令冒险作业、违反操作规程的行为；

（七）督促落实本单位安全生产整改措施。

生产经营单位可以设置专职安全生产分管负责人，协助本单位主要负责人履行安全生产管理职责。

二十四、【安全生产管理机构以及人员履职要求和履职保障】第二十六条

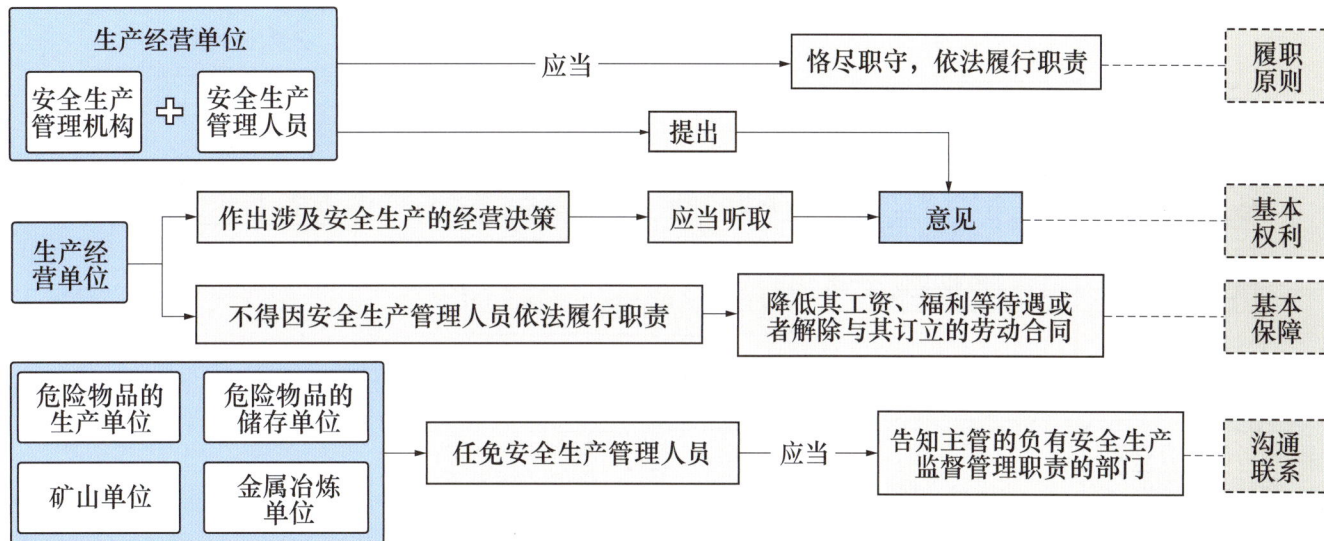

生产经营单位　安全生产管理机构 ✚ 安全生产管理人员 —— 应当 —— 恪尽职守，依法履行职责 ----- 履职原则

提出

生产经营单位 ┬ 作出涉及安全生产的经营决策 —— 应当听取 —— 意见 ----- 基本权利

└ 不得因安全生产管理人员依法履行职责 —— 降低其工资、福利等待遇或者解除与其订立的劳动合同 ----- 基本保障

危险物品的生产单位　危险物品的储存单位　矿山单位　金属冶炼单位 —— 任免安全生产管理人员 —— 应当 —— 告知主管的负有安全生产监督管理职责的部门 ----- 沟通联系

第二十六条

生产经营单位的安全生产管理机构以及安全生产管理人员应当恪尽职守，依法履行职责。

生产经营单位作出涉及安全生产的经营决策，应当听取安全生产管理机构以及安全生产管理人员的意见。

生产经营单位不得因安全生产管理人员依法履行职责而降低其工资、福利等待遇或者解除与其订立的劳动合同。

危险物品的生产、储存单位以及矿山、金属冶炼单位的安全生产管理人员的任免，应当告知主管的负有安全生产监督管理职责的部门。

二十五、【主要负责人和安全生产管理人员的知识、管理能力要求】第二十七条

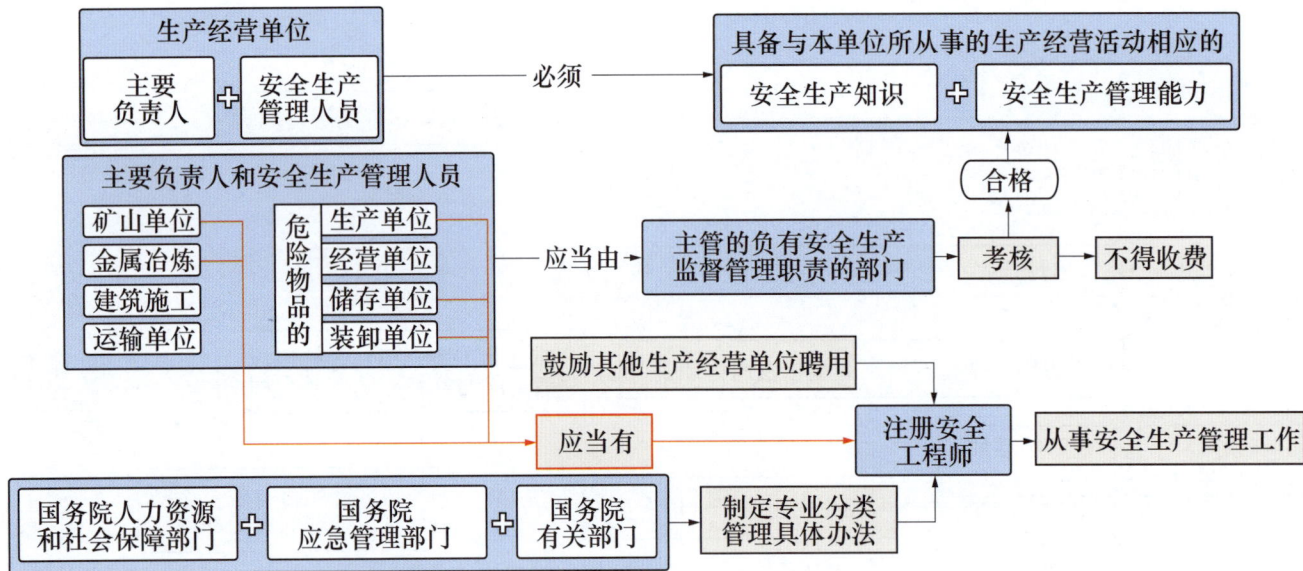

生产经营单位：主要负责人 + 安全生产管理人员 —— 必须 —— 具备与本单位所从事的生产经营活动相应的：安全生产知识 + 安全生产管理能力

合格

主要负责人和安全生产管理人员：
矿山单位、金属冶炼、建筑施工、运输单位；危险物品的：生产单位、经营单位、储存单位、装卸单位 —— 应当由 —— 主管的负有安全生产监督管理职责的部门 —— 考核 —— 不得收费

鼓励其他生产经营单位聘用

应当有 —— 注册安全工程师 —— 从事安全生产管理工作

国务院人力资源和社会保障部门 + 国务院应急管理部门 + 国务院有关部门 —— 制定专业分类管理具体办法

第二十七条

生产经营单位的主要负责人和安全生产管理人员必须具备与本单位所从事的生产经营活动相应的安全生产知识和管理能力。

危险物品的生产、经营、储存、装卸单位以及矿山、金属冶炼、建筑施工、运输单位的主要负责人和安全生产管理人员，应当由主管的负有安全生产监督管理职责的部门对其安全生产知识和管理能力考核合格。考核不得收费。

危险物品的生产、储存、装卸单位以及矿山、金属冶炼单位应当有注册安全工程师从事安全生产管理工作。鼓励其他生产经营单位聘用注册安全工程师从事安全生产管理工作。注册安全工程师按专业分类管理，具体办法由国务院人力资源和社会保障部门、国务院应急管理部门会同国务院有关部门制定。

二十六、【从业人员的教育和培训】第二十八条

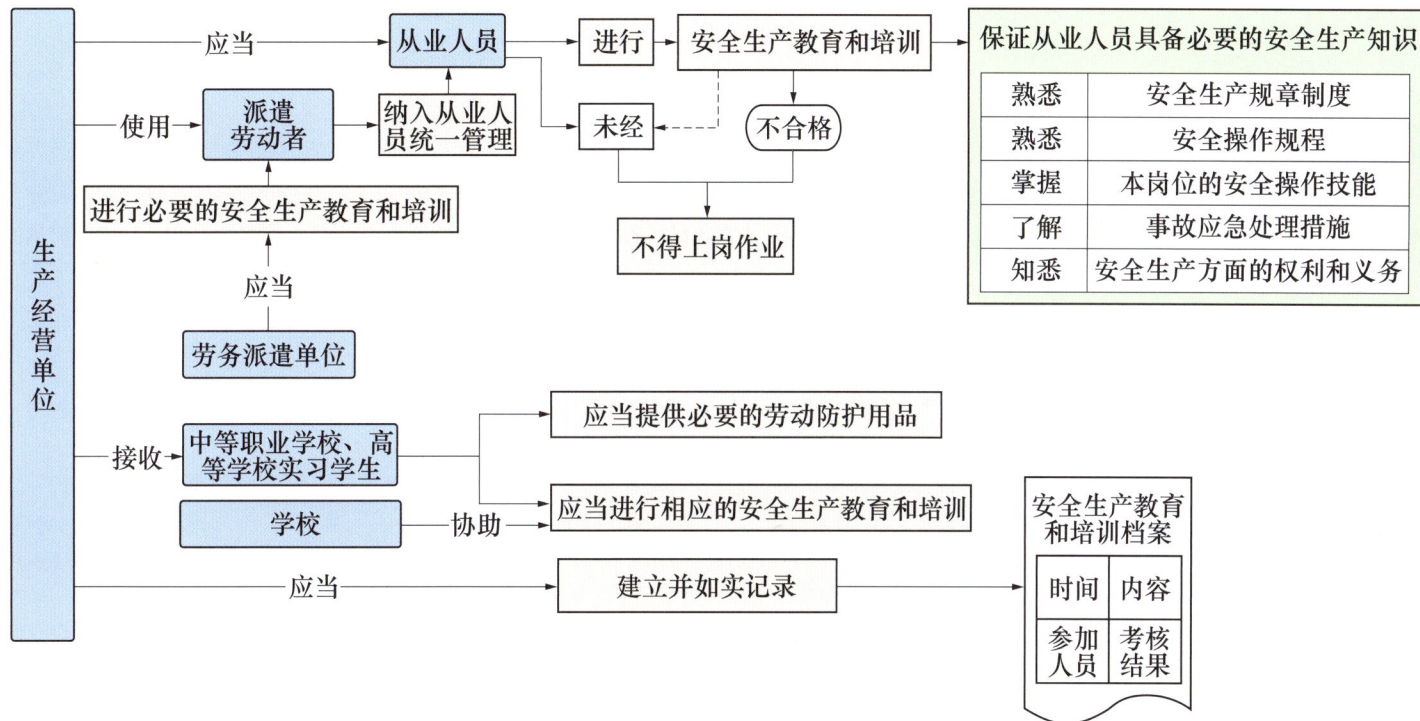

保证从业人员具备必要的安全生产知识	
熟悉	安全生产规章制度
熟悉	安全操作规程
掌握	本岗位的安全操作技能
了解	事故应急处理措施
知悉	安全生产方面的权利和义务

生产经营单位

应当 → 从业人员 → 进行 → 安全生产教育和培训

使用 → 派遣劳动者 → 纳入从业人员统一管理 → 未经 → 不合格 → 不得上岗作业

进行必要的安全生产教育和培训

应当 → 劳务派遣单位

接收 → 中等职业学校、高等学校实习学生 → 应当提供必要的劳动防护用品

学校 → 协助 → 应当进行相应的安全生产教育和培训

应当 → 建立并如实记录

安全生产教育和培训档案	
时间	内容
参加人员	考核结果

第二十八条

生产经营单位应当对从业人员进行安全生产教育和培训，保证从业人员具备必要的安全生产知识，熟悉有关的安全生产规章制度和安全操作规程，掌握本岗位的安全操作技能，了解事故应急处理措施，知悉自身在安全生产方面的权利和义务。未经安全生产教育和培训合格的从业人员，不得上岗作业。

生产经营单位使用被派遣劳动者的，应当将被派遣劳动者纳入本单位从业人员统一管理，对被派遣劳动者进行岗位安全操作规程和安全操作技能的教育和培训。劳务派遣单位应当对被派遣劳动者进行必要的安全生产教育和培训。

生产经营单位接收中等职业学校、高等学校学生实习的，应当对实习学生进行相应的安全生产教育和培训，提供必要的劳动防护用品。学校应当协助生产经营单位对实习学生进行安全生产教育和培训。

生产经营单位应当建立安全生产教育和培训档案，如实记录安全生产教育和培训的时间、内容、参加人员以及考核结果等情况。

二十七、【技术更新后的安全管理要求】第二十九条

生产经营单位	采用	新工艺	新技术	新材料	→ 必须 →	了解、掌握其安全技术特性	➕	采取有效的安全防护措施	➕	对从业人员进行专门的安全生产教育和培训
	使用	新设备								

第二十九条 ●

　　生产经营单位采用新工艺、新技术、新材料或者使用新设备，必须了解、掌握其安全技术特性，采取有效的安全防护措施，并对从业人员进行专门的安全生产教育和培训。

二十八、【特种作业人员的从业资格】第三十条

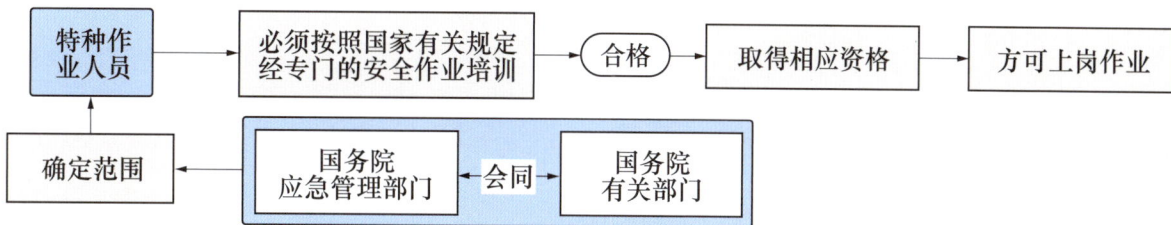

特种作业人员 → 必须按照国家有关规定经专门的安全作业培训 → 合格 → 取得相应资格 → 方可上岗作业

确定范围 ← 国务院应急管理部门 ← 会同 → 国务院有关部门

第三十条 ●

　　生产经营单位的特种作业人员必须按照国家有关规定经专门的安全作业培训，取得相应资格，方可上岗作业。

　　特种作业人员的范围由国务院应急管理部门会同国务院有关部门确定。

二十九、【安全设施"三同时"原则】第三十一条

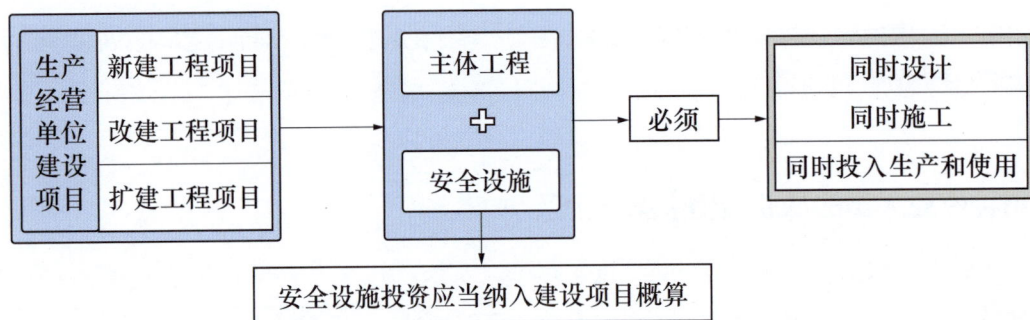

生产经营单位建设项目	新建工程项目
	改建工程项目
	扩建工程项目

主体工程
➕
安全设施

必须

同时设计
同时施工
同时投入生产和使用

安全设施投资应当纳入建设项目概算

第三十一条

　　生产经营单位新建、改建、扩建工程项目（以下统称建设项目）的安全设施，必须与主体工程同时设计、同时施工、同时投入生产和使用。安全设施投资应当纳入建设项目概算。

三十、【高危行业建设项目的安全评价】第三十二条

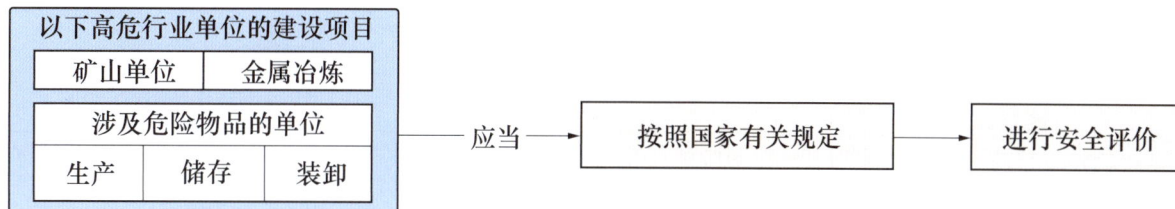

| 以下高危行业单位的建设项目 |
| 矿山单位　｜　金属冶炼 |
| 涉及危险物品的单位 |
| 生产　｜　储存　｜　装卸 |

应当 → 按照国家有关规定 → 进行安全评价

第三十二条

矿山、金属冶炼建设项目和用于生产、储存、装卸危险物品的建设项目，应当按照国家有关规定进行安全评价。

三十一、【安全设施设计与审查及其相关责任】第三十三条

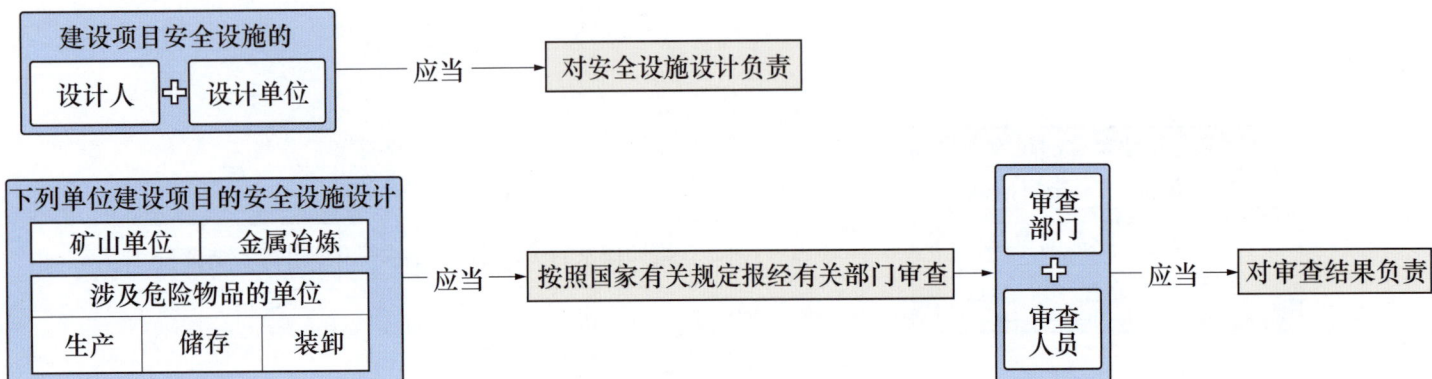

```
┌─────────────────────┐
│  建设项目安全设施的   │
│  ┌──────┐ ┌──────┐  │      应当      ┌──────────────────┐
│  │ 设计人│+│设计单位│  │ ─────────→    │  对安全设施设计负责 │
│  └──────┘ └──────┘  │                └──────────────────┘
└─────────────────────┘
```

```
┌──────────────────────────────┐                                    ┌──────┐
│  下列单位建设项目的安全设施设计  │                                    │ 审查 │
│  ┌──────────┬──────────┐      │      应当     ┌──────────────────┐ │ 部门 │   应当    ┌──────────────┐
│  │ 矿山单位  │ 金属冶炼  │      │ ─────────→  │按照国家有关规定报经有关部门审查│ + │────────→ │ 对审查结果负责 │
│  ├──────────┴──────────┤      │              └──────────────────┘ │ 审查 │          └──────────────┘
│  │    涉及危险物品的单位    │    │                                    │ 人员 │
│  ├────────┬──────┬──────┤     │                                    └──────┘
│  │  生产  │ 储存 │ 装卸 │      │
│  └────────┴──────┴──────┘     │
└──────────────────────────────┘
```

第三十三条

　　建设项目安全设施的设计人、设计单位应当对安全设施设计负责。

　　矿山、金属冶炼建设项目和用于生产、储存、装卸危险物品的建设项目的安全设施设计应当按照国家有关规定报经有关部门审查，审查部门及其负责审查的人员对审查结果负责。

三十二、【高危行业建设项目的施工、竣工验收及其监督检查】第三十四条

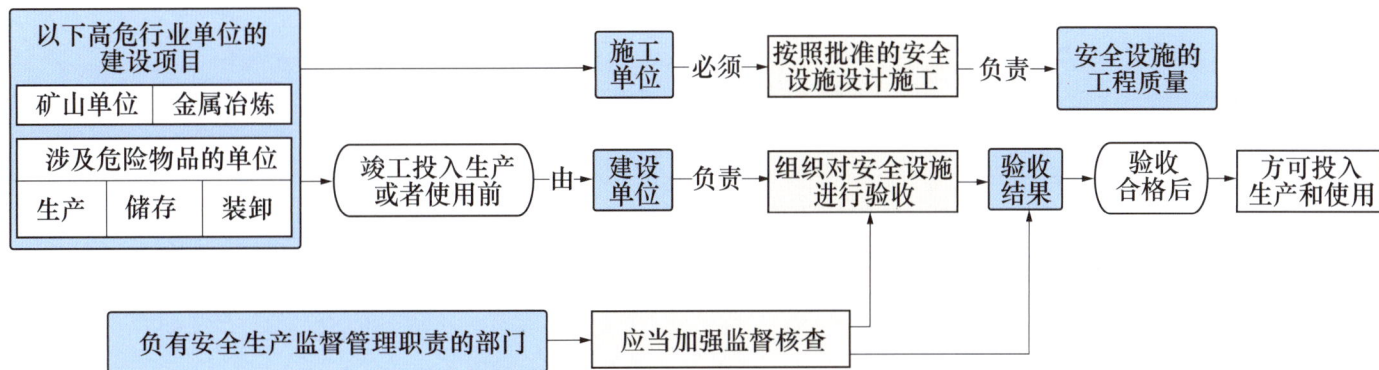

以下高危行业单位的建设项目

矿山单位	金属冶炼
涉及危险物品的单位	
生产	储存	装卸

施工单位 —必须→ 按照批准的安全设施设计施工 —负责→ 安全设施的工程质量

竣工投入生产或者使用前 —由→ 建设单位 —负责→ 组织对安全设施进行验收 → 验收结果 → 验收合格后 → 方可投入生产和使用

负有安全生产监督管理职责的部门 → 应当加强监督核查

第三十四条

矿山、金属冶炼建设项目和用于生产、储存、装卸危险物品的建设项目的施工单位必须按照批准的安全设施设计施工，并对安全设施的工程质量负责。

矿山、金属冶炼建设项目和用于生产、储存、装卸危险物品的建设项目竣工投入生产或者使用前，应当由建设单位负责组织对安全设施进行验收；验收合格后，方可投入生产和使用。负有安全生产监督管理职责的部门应当加强对建设单位验收活动和验收结果的监督核查。

三十三、【安全警示标志】第三十五条

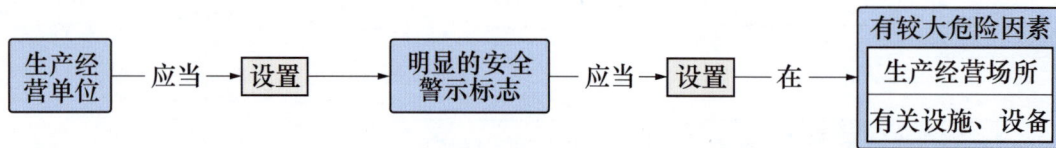

生产经
营单位 —应当→ 设置 → 明显的安全
警示标志 —应当→ 设置 —在→ 有较大危险因素 / 生产经营场所 / 有关设施、设备

第三十五条

　生产经营单位应当在有较大危险因素的生产经营场所和有关设施、设备上，设置明显的安全警示标志。

三十四、【安全设备的管理】第三十六条

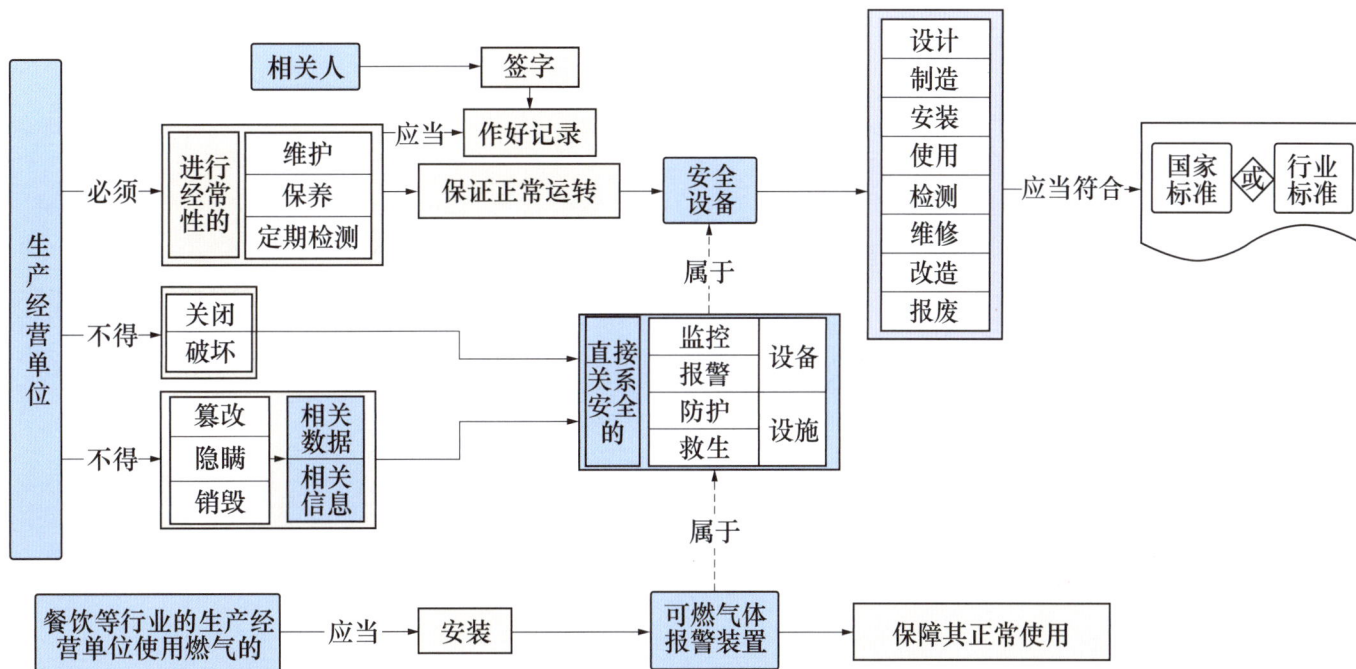

第三十六条

　　安全设备的设计、制造、安装、使用、检测、维修、改造和报废，应当符合国家标准或者行业标准。

　　生产经营单位必须对安全设备进行经常性维护、保养，并定期检测，保证正常运转。维护、保养、检测应当作好记录，并由有关人员签字。

　　生产经营单位不得关闭、破坏直接关系生产安全的监控、报警、防护、救生设备、设施，或者篡改、隐瞒、销毁其相关数据、信息。

　　餐饮等行业的生产经营单位使用燃气的，应当安装可燃气体报警装置，并保障其正常使用。

三十五、【特种设备的管理】第三十七条

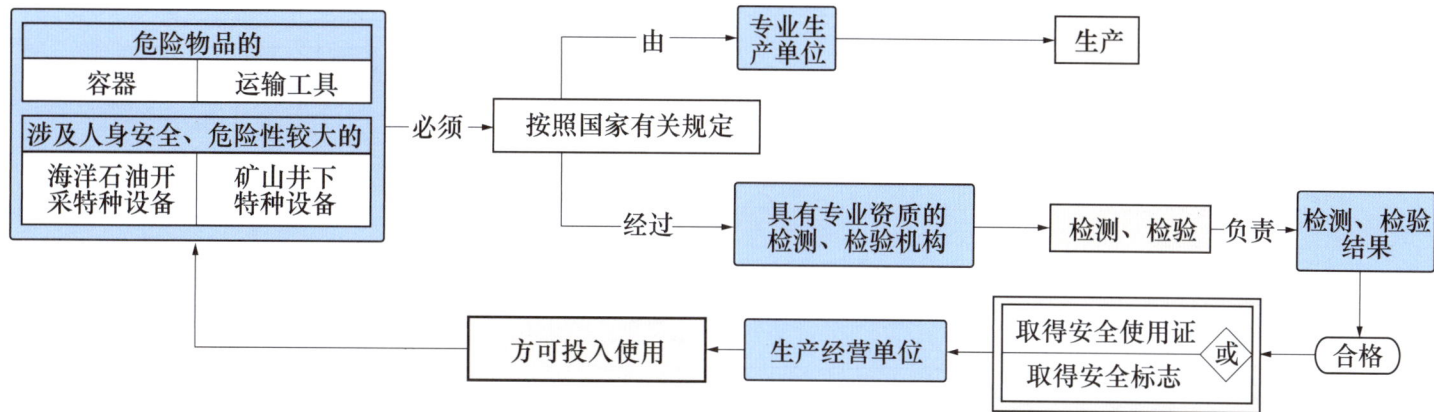

危险物品的	
容器	运输工具

涉及人身安全、危险性较大的

海洋石油开采特种设备	矿山井下特种设备

必须 → 按照国家有关规定

由 → 专业生产单位 → 生产

经过 → 具有专业资质的检测、检验机构 → 检测、检验 →（负责）→ 检测、检验结果

合格

取得安全使用证 / 取得安全标志（或）

生产经营单位 → 方可投入使用

第三十七条

　　生产经营单位使用的危险物品的容器、运输工具，以及涉及人身安全、危险性较大的海洋石油开采特种设备和矿山井下特种设备，必须按照国家有关规定，由专业生产单位生产，并经具有专业资质的检测、检验机构检测、检验合格，取得安全使用证或者安全标志，方可投入使用。检测、检验机构对检测、检验结果负责。

三十六、【淘汰制度】第三十八条

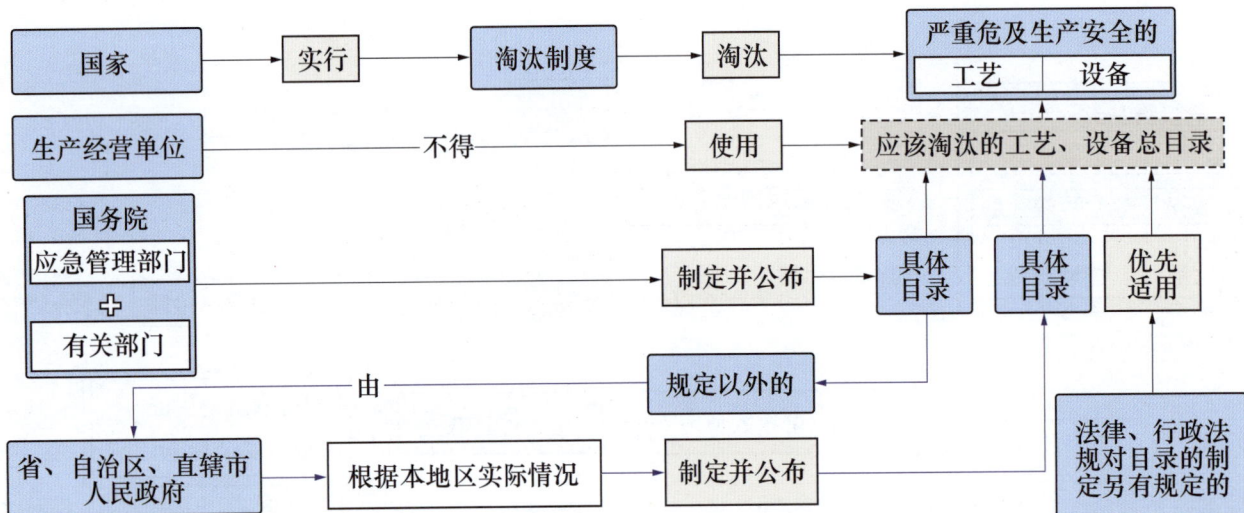

```
国家  →  实行  →  淘汰制度  →  淘汰  →  严重危及生产安全的
                                          ┌─────┬─────┐
                                          │ 工艺 │ 设备 │
                                          └─────┴─────┘

生产经营单位  ───  不得  ───→  使用  →  应该淘汰的工艺、设备总目录

国务院
┌──────────┐
│ 应急管理部门 │
│    ＋     │ ──→ 制定并公布 → 具体目录   具体目录   优先适用
│  有关部门  │
└──────────┘

        由  ←───  规定以外的

省、自治区、直辖市  →  根据本地区实际情况  →  制定并公布       法律、行政法
人民政府                                                  规对目录的制
                                                         定另有规定的
```

第三十八条

国家对严重危及生产安全的工艺、设备实行淘汰制度，具体目录由国务院应急管理部门会同国务院有关部门制定并公布。法律、行政法规对目录的制定另有规定的，适用其规定。

省、自治区、直辖市人民政府可以根据本地区实际情况制定并公布具体目录，对前款规定以外的危及生产安全的工艺、设备予以淘汰。

生产经营单位不得使用应当淘汰的危及生产安全的工艺、设备。

三十七、【危险物品的监管】第三十九条

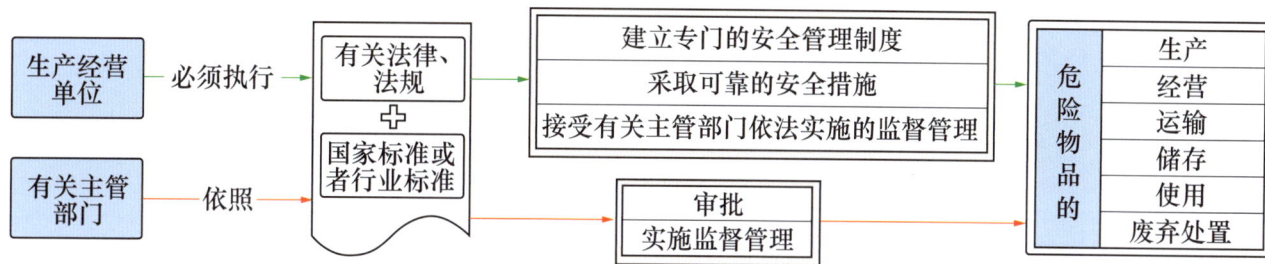

第三十九条

　　生产、经营、运输、储存、使用危险物品或者处置废弃危险物品的，由有关主管部门依照有关法律、法规的规定和国家标准或者行业标准审批并实施监督管理。

　　生产经营单位生产、经营、运输、储存、使用危险物品或者处置废弃危险物品，必须执行有关法律、法规和国家标准或者行业标准，建立专门的安全管理制度，采取可靠的安全措施，接受有关主管部门依法实施的监督管理。

三十八、【重大危险源的监管】第四十条

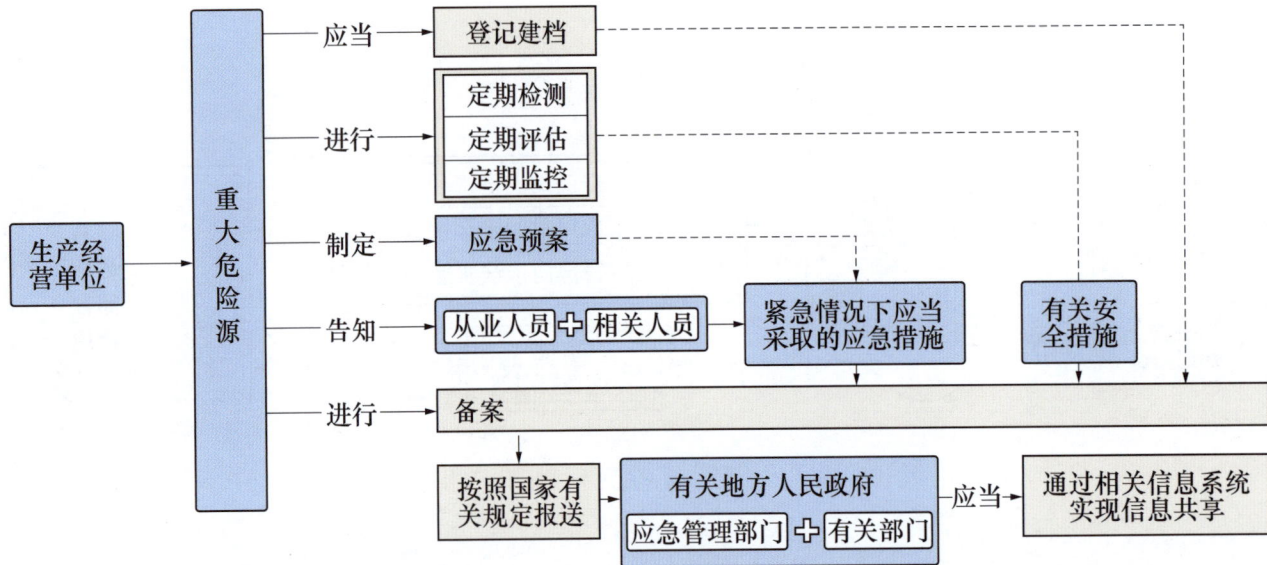

```
生产经营单位 → 重大危险源
                应当 → 登记建档
                进行 → 定期检测 / 定期评估 / 定期监控
                制定 → 应急预案
                告知 → 从业人员 + 相关人员 → 紧急情况下应当采取的应急措施     有关安全措施
                进行 → 备案
                        按照国家有关规定报送 → 有关地方人民政府（应急管理部门 + 有关部门） →应当→ 通过相关信息系统实现信息共享
```

第四十条

　　生产经营单位对重大危险源应当登记建档，进行定期检测、评估、监控，并制定应急预案，告知从业人员和相关人员在紧急情况下应当采取的应急措施。

　　生产经营单位应当按照国家有关规定将本单位重大危险源及有关安全措施、应急措施报有关地方人民政府应急管理部门和有关部门备案。有关地方人民政府应急管理部门和有关部门应当通过相关信息系统实现信息共享。

三十九、【安全风险分级管控、隐患排查治理】第四十一条

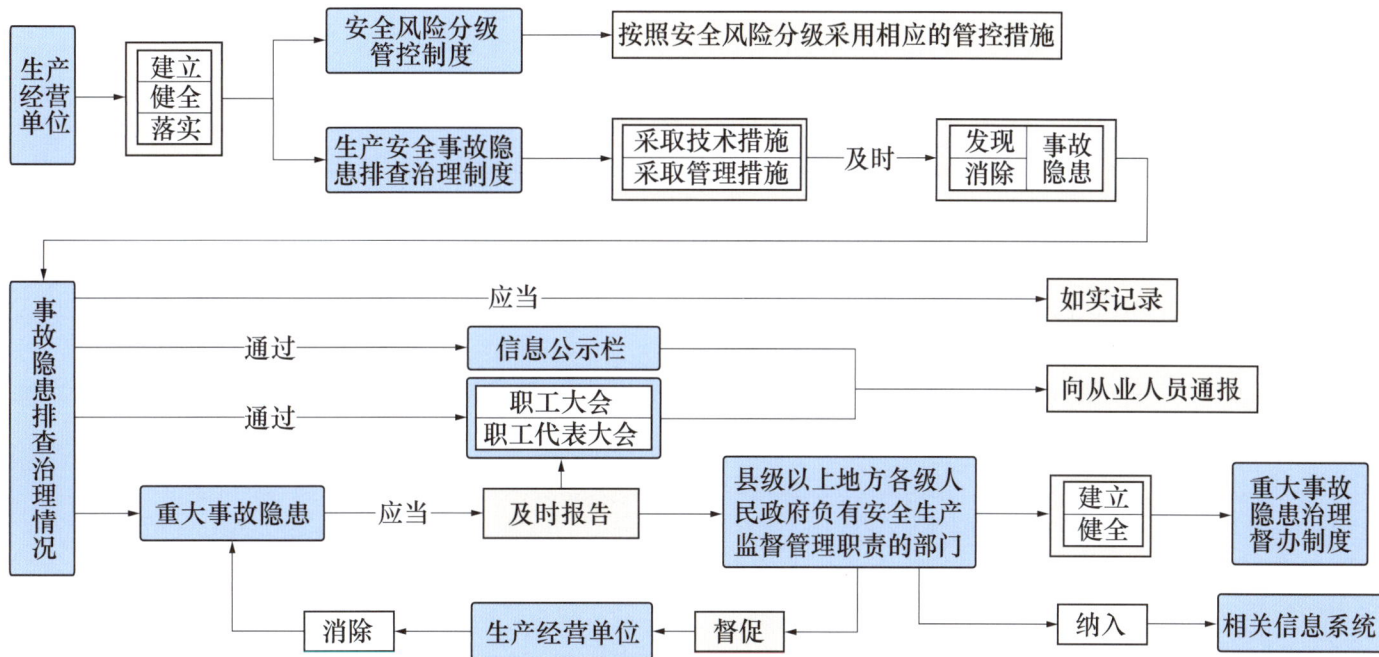

```
生产          建立      ┌─→  安全风险分级      ──→  按照安全风险分级采用相应的管控措施
经营    ──→   健全      │    管控制度
单位          落实      └─→  生产安全事故隐    ──→  采取技术措施   及时   发现  事故
                             患排查治理制度          采取管理措施         消除  隐患
```

```
事      ──────────── 应当 ────────────────────→  如实记录
故
隐      ──── 通过 ────→  信息公示栏
患
排      ──── 通过 ────→  职工大会                            向从业人员通报
查                       职工代表大会
治
理                                          县级以上地方各级人
情      重大事故隐患 ── 应当 ──→ 及时报告 ──→ 民政府负有安全生产 ──→ 建立    重大事故
况                                          监督管理职责的部门       健全   隐患治理
                                                                        督办制度
          消除  ←──  生产经营单位  ←── 督促 ←──            纳入  相关信息系统
```

第四十一条

　　生产经营单位应当建立安全风险分级管控制度，按照安全风险分级采取相应的管控措施。

　　生产经营单位应当建立健全并落实生产安全事故隐患排查治理制度，采取技术、管理措施，及时发现并消除事故隐患。事故隐患排查治理情况应当如实记录，并通过职工大会或者职工代表大会、信息公示栏等方式向从业人员通报。其中，重大事故隐患排查治理情况应当及时向负有安全生产监督管理职责的部门和职工大会或者职工代表大会报告。

　　县级以上地方各级人民政府负有安全生产监督管理职责的部门应当将重大事故隐患纳入相关信息系统，建立健全重大事故隐患治理督办制度，督促生产经营单位消除重大事故隐患。

四十、【生产经营场所和员工宿舍的安全要求】第四十二条

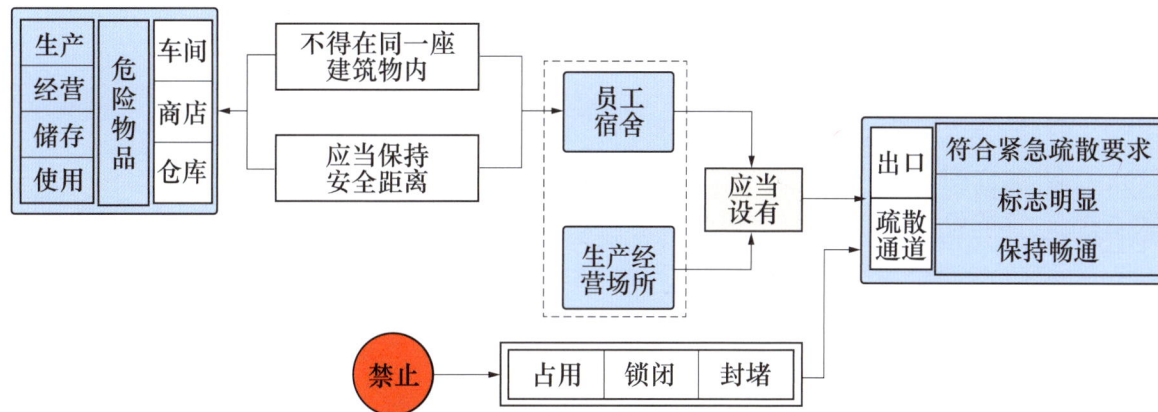

```
┌──────────────┬──┬──────┐
│ 生产         │危│车间  │      ┌────────────┐
│ 经营         │险│商店  │──┐   │不得在同一座│
│ 储存         │物│仓库  │  ├──→│建筑物内    │
│ 使用         │品│      │  │   └────────────┘
└──────────────┴──┴──────┘  │   ┌────────────┐
                            └──→│应当保持    │
                                │安全距离    │
                                └────────────┘
```

生产、经营、储存、使用危险物品的车间、商店、仓库　不得在同一座建筑物内　应当保持安全距离

员工宿舍　生产经营场所　应当设有　出口 疏散通道　符合紧急疏散要求　标志明显　保持畅通

禁止　占用　锁闭　封堵

第四十二条

　　生产、经营、储存、使用危险物品的车间、商店、仓库不得与员工宿舍在同一座建筑物内，并应当与员工宿舍保持安全距离。

　　生产经营场所和员工宿舍应当设有符合紧急疏散要求、标志明显、保持畅通的出口、疏散通道。禁止占用、锁闭、封堵生产经营场所或者员工宿舍的出口、疏散通道。

四十一、【危险作业的现场安全管理】第四十三条

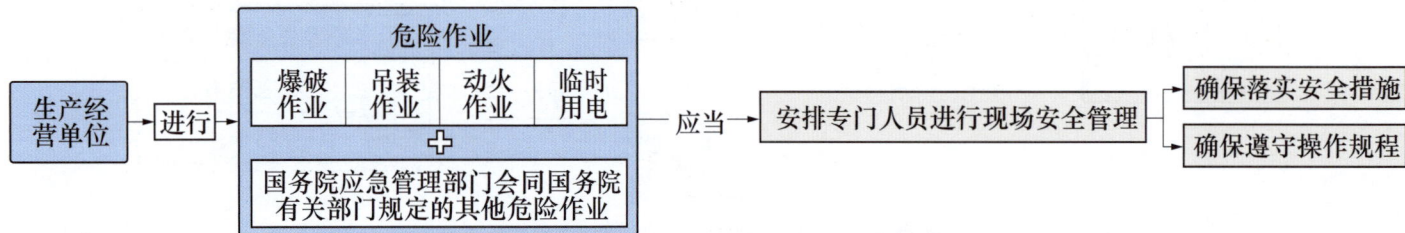

```
                              危险作业
              ┌───────┬──────┬──────┬──────┐
┌────────┐    │ 爆破  │ 吊装 │ 动火 │ 临时 │           ┌──────────────────────┐   ┌──────────────────┐
│ 生产经 │进行│ 作业  │ 作业 │ 作业 │ 用电 │  应当      │ 安排专门人员进行现场安全管理 │   │ 确保落实安全措施 │
│ 营单位 │───→│       ┼──────┴──────┴──────┤ ────→    │                      │───│                  │
└────────┘    │           ➕              │           └──────────────────────┘   ├──────────────────┤
              ├──────────────────────────┤                                        │ 确保遵守操作规程 │
              │ 国务院应急管理部门会同国务院 │                                       └──────────────────┘
              │ 有关部门规定的其他危险作业   │
              └──────────────────────────┘
```

第四十三条

　　生产经营单位进行爆破、吊装、动火、临时用电以及国务院应急管理部门会同国务院有关部门规定的其他危险作业，应当安排专门人员进行现场安全管理，确保操作规程的遵守和安全措施的落实。

四十二、【从业人员的安全管理】第四十四条

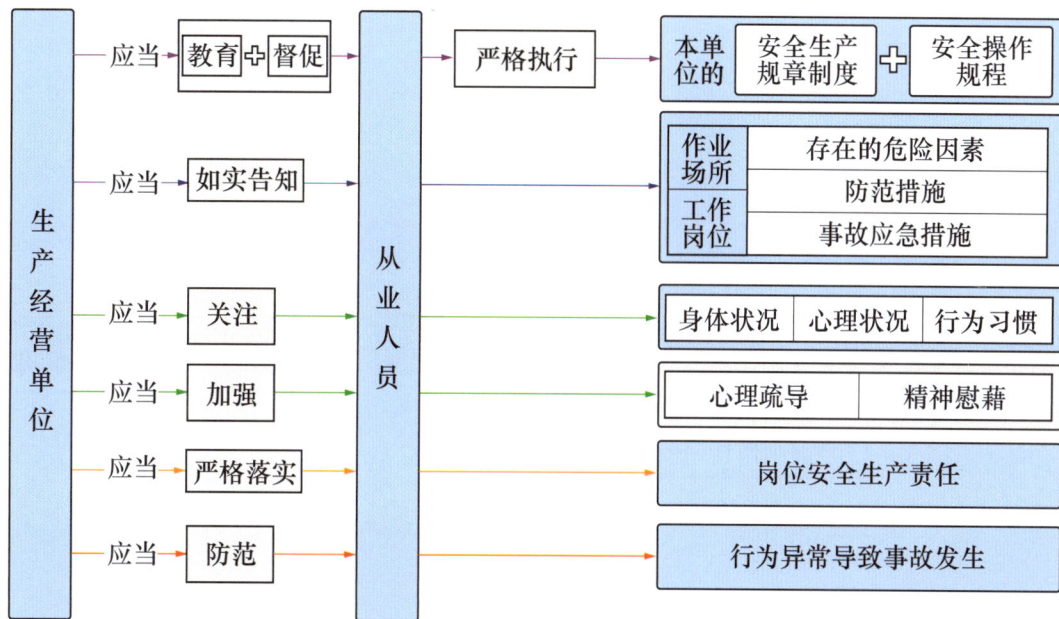

```
生产经营单位 ── 应当 ── 教育+督促 ──→ 严格执行 ──→ 本单位的 [安全生产规章制度] + [安全操作规程]

           ── 应当 ── 如实告知 ──→        作业场所 / 工作岗位 [存在的危险因素 / 防范措施 / 事故应急措施]

从业人员    ── 应当 ── 关注 ──→          身体状况 | 心理状况 | 行为习惯

           ── 应当 ── 加强 ──→          心理疏导 | 精神慰藉

           ── 应当 ── 严格落实 ──→       岗位安全生产责任

           ── 应当 ── 防范 ──→          行为异常导致事故发生
```

第四十四条

　　生产经营单位应当教育和督促从业人员严格执行本单位的安全生产规章制度和安全操作规程；并向从业人员如实告知作业场所和工作岗位存在的危险因素、防范措施以及事故应急措施。

　　生产经营单位应当关注从业人员的身体、心理状况和行为习惯，加强对从业人员的心理疏导、精神慰藉，严格落实岗位安全生产责任，防范从业人员行为异常导致事故发生。

四十三、【劳动防护用品】第四十五条

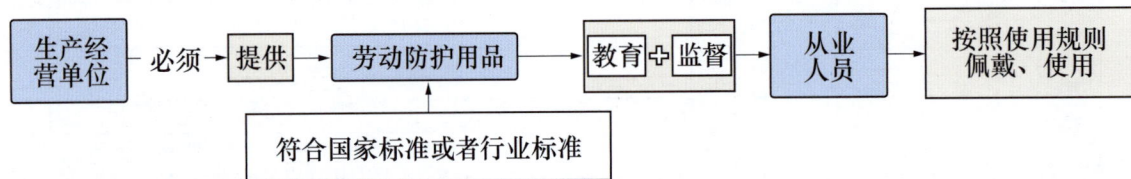

生产经营单位 → 必须 → 提供 → 劳动防护用品 → 教育➕监督 → 从业人员 → 按照使用规则佩戴、使用

符合国家标准或者行业标准

第四十五条

生产经营单位必须为从业人员提供符合国家标准或者行业标准的劳动防护用品，并监督、教育从业人员按照使用规则佩戴、使用。

四十四、【安全检查和报告义务】第四十六条

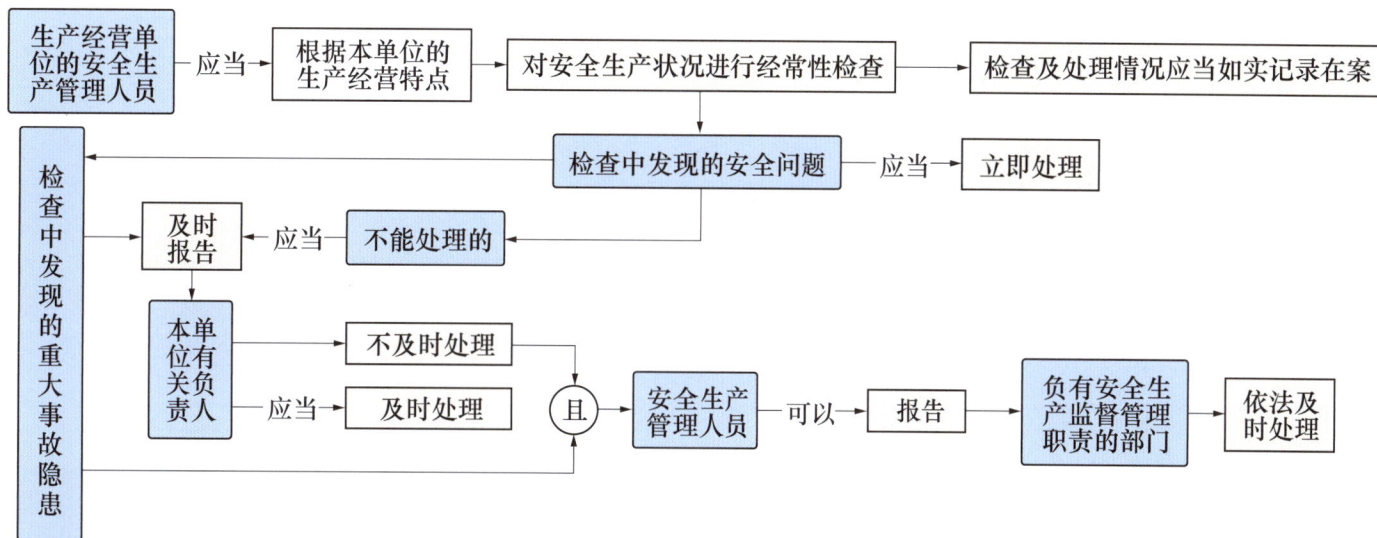

生产经营单位的安全生产管理人员 ──应当── 根据本单位的生产经营特点 ──→ 对安全生产状况进行经常性检查 ──→ 检查及处理情况应当如实记录在案

检查中发现的安全问题 ──应当── 立即处理

不能处理的 ←── 检查中发现的安全问题

及时报告 ──应当── 不能处理的

本单位有关负责人 → 不及时处理

本单位有关负责人 ──应当── 及时处理

且 → 安全生产管理人员 ──可以── 报告 ──→ 负有安全生产监督管理职责的部门 ──→ 依法及时处理

检查中发现的重大事故隐患

第四十六条

　　生产经营单位的安全生产管理人员应当根据本单位的生产经营特点，对安全生产状况进行经常性检查；对检查中发现的安全问题，应当立即处理；不能处理的，应当及时报告本单位有关负责人，有关负责人应当及时处理。检查及处理情况应当如实记录在案。

　　生产经营单位的安全生产管理人员在检查中发现重大事故隐患，依照前款规定向本单位有关负责人报告，有关负责人不及时处理的，安全生产管理人员可以向主管的负有安全生产监督管理职责的部门报告，接到报告的部门应当依法及时处理。

四十五、【劳动者安全保障经费】第四十七条

```
┌─────────────┐              ┌─────────┐       ┌──────┐      ┌──────────────────────┐
│  生产经营单位  │──应当──→    │ 安排经费 │──→   │ 用于 │──→  │   配备劳动防护用品      │
└─────────────┘              └─────────┘       └──────┘      ├──────────────────────┤
                                                             │   进行安全生产培训      │
                                                             └──────────────────────┘
```

第四十七条

生产经营单位应当安排用于配备劳动防护用品、进行安全生产培训的经费。

四十六、【交叉作业区的安全生产管理协议】第四十八条

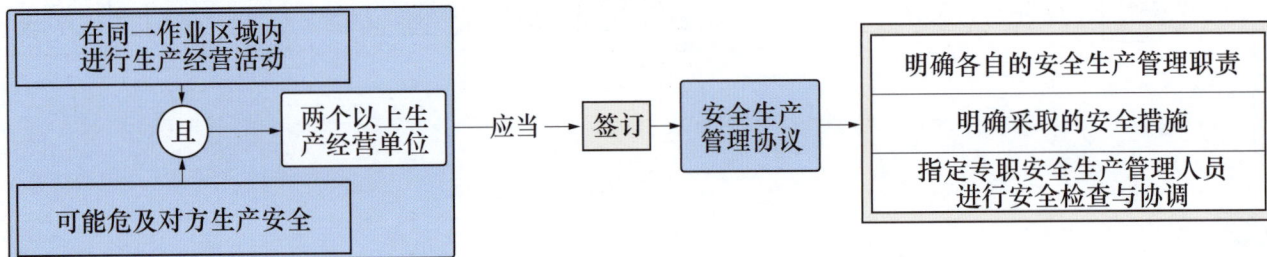

```
┌────────────────────────────┐                                      ┌──────────────────────────┐
│  ┌──────────────────────┐  │                                      │   明确各自的安全生产管理职责   │
│  │  在同一作业区域内        │  │           ┌────┐  ┌──────────┐    ├──────────────────────────┤
│  │  进行生产经营活动        │  │           │签订│  │ 安全生产  │    │   明确采取的安全措施         │
│  └──────────────────────┘  │  ┌────────┐ └────┘→│ 管理协议  │──→ ├──────────────────────────┤
│        ↕                    │  │两个以上生│──应当→        └──────────┘    │  指定专职安全生产管理人员      │
│       (且)                  │──│产经营单位│                              │  进行安全检查与协调          │
│        ↕                    │  └────────┘                              └──────────────────────────┘
│  ┌──────────────────────┐  │
│  │  可能危及对方生产安全     │  │
│  └──────────────────────┘  │
└────────────────────────────┘
```

第四十八条

两个以上生产经营单位在同一作业区域内进行生产经营活动，可能危及对方生产安全的，应当签订安全生产管理协议，明确各自的安全生产管理职责和应当采取的安全措施，并指定专职安全生产管理人员进行安全检查与协调。

四十七、【签订发包或出租合同需要履行的责任】第四十九条

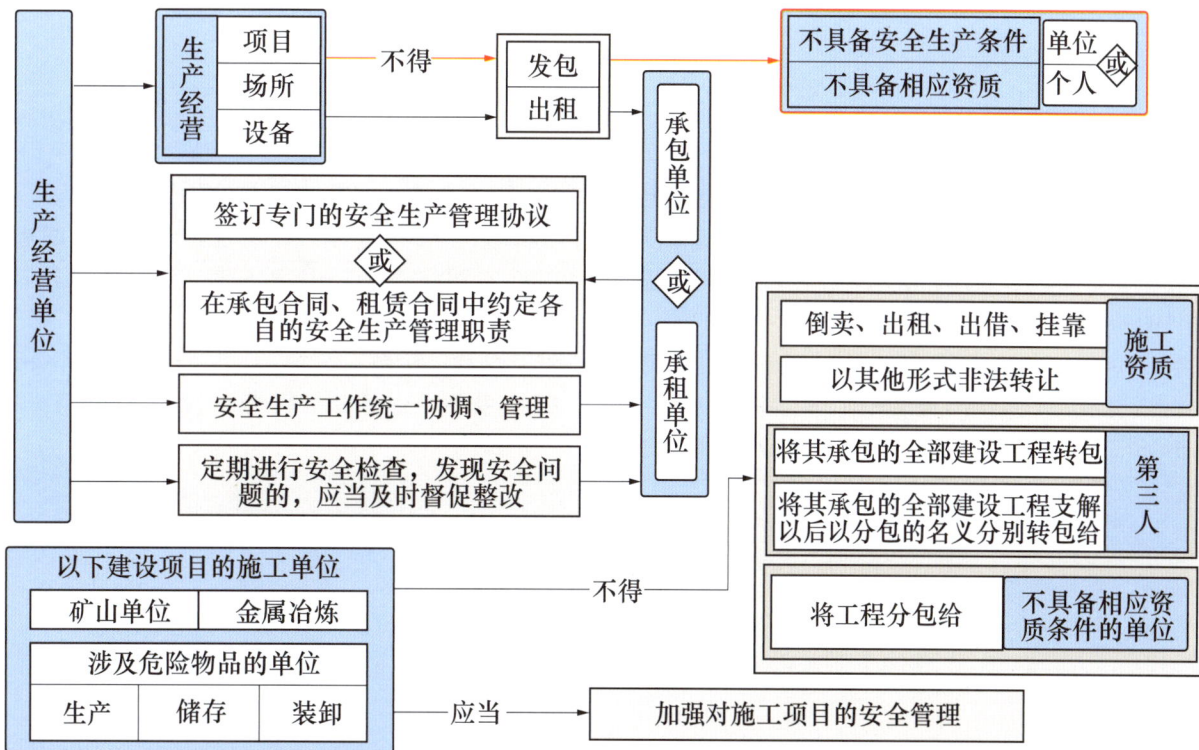

第四十九条

　　生产经营单位不得将生产经营项目、场所、设备发包或者出租给不具备安全生产条件或者相应资质的单位或者个人。

　　生产经营项目、场所发包或者出租给其他单位的，生产经营单位应当与承包单位、承租单位签订专门的安全生产管理协议，或者在承包合同、租赁合同中约定各自的安全生产管理职责；生产经营单位对承包单位、承租单位的安全生产工作统一协调、管理，定期进行安全检查，发现安全问题的，应当及时督促整改。

　　矿山、金属冶炼建设项目和用于生产、储存、装卸危险物品的建设项目的施工单位应当加强对施工项目的安全管理，不得倒卖、出租、出借、挂靠或者以其他形式非法转让施工资质，不得将其承包的全部建设工程转包给第三人或者将其承包的全部建设工程支解以后以分包的名义分别转包给第三人，不得将工程分包给不具备相应资质条件的单位。

四十八、【主要负责人的事故处理责任】第五十条

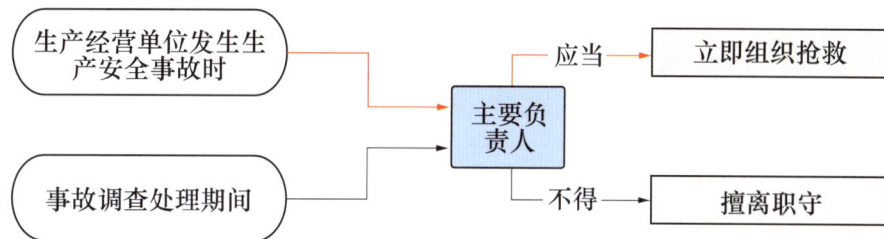

生产经营单位发生生产安全事故时 → 主要负责人 —应当→ 立即组织抢救

事故调查处理期间 → 主要负责人 —不得→ 擅离职守

第五十条

生产经营单位发生生产安全事故时，单位的主要负责人应当立即组织抢救，并不得在事故调查处理期间擅离职守。

四十九、【工伤保险与安全生产责任保险】第五十一条

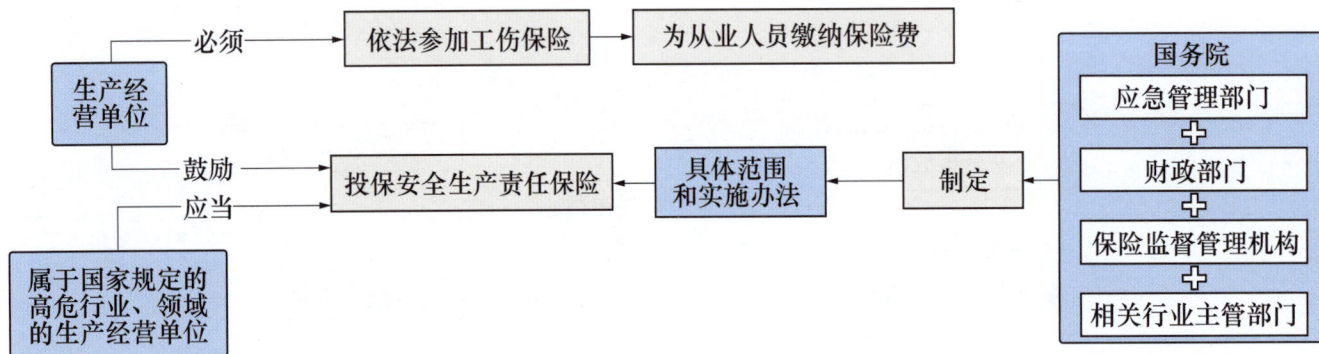

生产经营单位 —— 必须 —— 依法参加工伤保险 —— 为从业人员缴纳保险费

生产经营单位 —— 鼓励 —— 投保安全生产责任保险

属于国家规定的高危行业、领域的生产经营单位 —— 应当 —— 投保安全生产责任保险

投保安全生产责任保险 ←—— 具体范围和实施办法 ←—— 制定 ←—— 国务院

国务院
应急管理部门
＋
财政部门
＋
保险监督管理机构
＋
相关行业主管部门

第五十一条

　　生产经营单位必须依法参加工伤保险，为从业人员缴纳保险费。

　　国家鼓励生产经营单位投保安全生产责任保险；属于国家规定的高危行业、领域的生产经营单位，应当投保安全生产责任保险。具体范围和实施办法由国务院应急管理部门会同国务院财政部门、国务院保险监督管理机构和相关行业主管部门制定。

第三章　从业人员的安全生产权利义务

五十、【劳动合同的安全条款】第五十二条

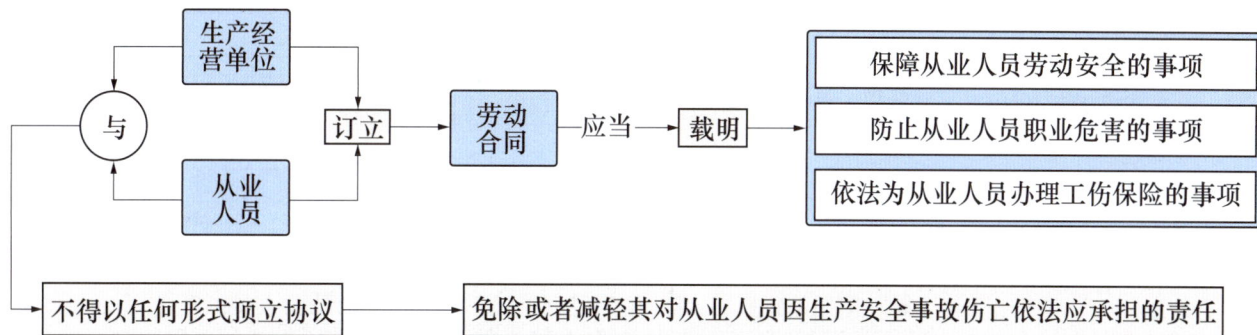

```
          ┌─── 生产经
          │    营单位 ───┐
      ┌── 与 ──┤            ├── 订立 ── 劳动 ── 应当 ── 载明 ──┬── 保障从业人员劳动安全的事项
      │   (○)  │            │           合同                    │
      │        └─── 从业  ──┘                                    ├── 防止从业人员职业危害的事项
      │             人员                                         │
      │                                                          └── 依法为从业人员办理工伤保险的事项
      └── 不得以任何形式顶立协议 ── 免除或者减轻其对从业人员因生产安全事故伤亡依法应承担的责任
```

第五十二条

　　生产经营单位与从业人员订立的劳动合同，应当载明有关保障从业人员劳动安全、防止职业危害的事项，以及依法为从业人员办理工伤保险的事项。

　　生产经营单位不得以任何形式与从业人员订立协议，免除或者减轻其对从业人员因生产安全事故伤亡依法应承担的责任。

五十一、【从业人员参与安全生产管理的基本权利】第五十三条、第五十四条、第五十五条

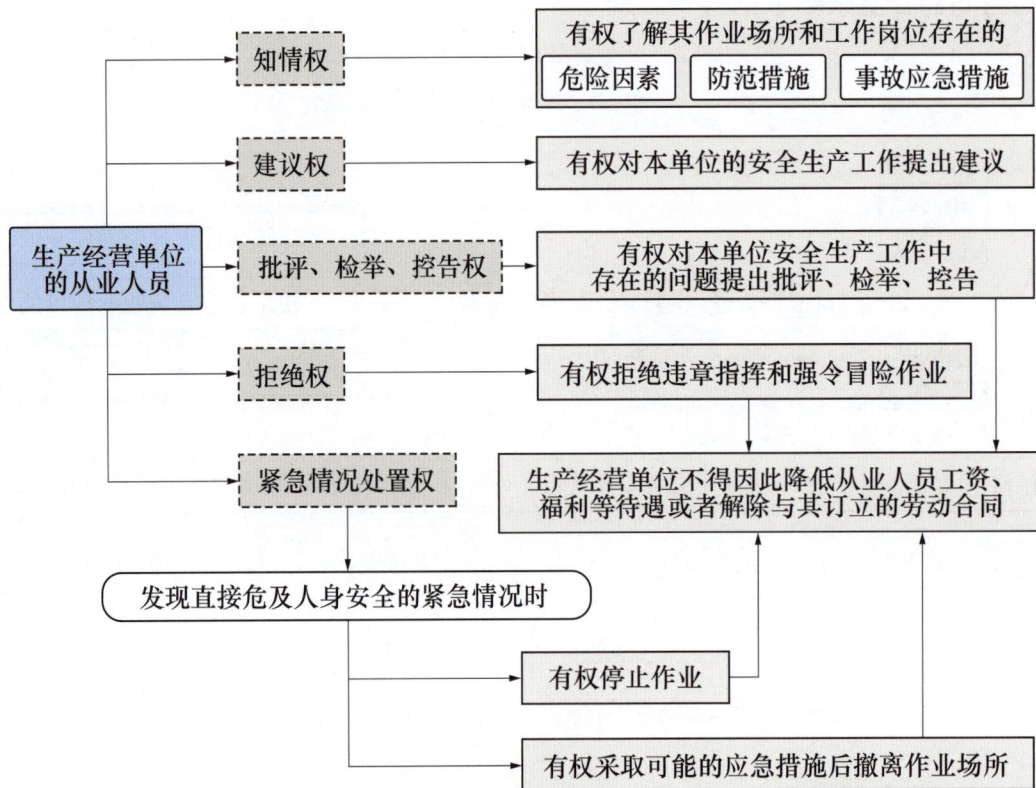

```
                          知情权 ──────────→ 有权了解其作业场所和工作岗位存在的
                                              ┌────────┬────────┬──────────┐
                                              │ 危险因素 │ 防范措施 │ 事故应急措施 │
                                              └────────┴────────┴──────────┘

                          建议权 ──────────→ 有权对本单位的安全生产工作提出建议

   生产经营单位    批评、检举、控告权 ──→ 有权对本单位安全生产工作中
   的从业人员                              存在的问题提出批评、检举、控告

                          拒绝权 ──────────→ 有权拒绝违章指挥和强令冒险作业

                                              生产经营单位不得因此降低从业人员工资、
                    紧急情况处置权              福利等待遇或者解除与其订立的劳动合同


                    发现直接危及人身安全的紧急情况时

                                              有权停止作业

                                              有权采取可能的应急措施后撤离作业场所
```

第五十三条

　　生产经营单位的从业人员有权了解其作业场所和工作岗位存在的危险因素、防范措施及事故应急措施，有权对本单位的安全生产工作提出建议。

第五十四条

　　从业人员有权对本单位安全生产工作中存在的问题提出批评、检举、控告；有权拒绝违章指挥和强令冒险作业。

　　生产经营单位不得因从业人员对本单位安全生产工作提出批评、检举、控告或者拒绝违章指挥、强令冒险作业而降低其工资、福利等待遇或者解除与其订立的劳动合同。

第五十五条

　　从业人员发现直接危及人身安全的紧急情况时，有权停止作业或者在采取可能的应急措施后撤离作业场所。

　　生产经营单位不得因从业人员在前款紧急情况下停止作业或者采取紧急撤离措施而降低其工资、福利等待遇或者解除与其订立的劳动合同。

五十二、【获得救治、赔偿权】第五十六条

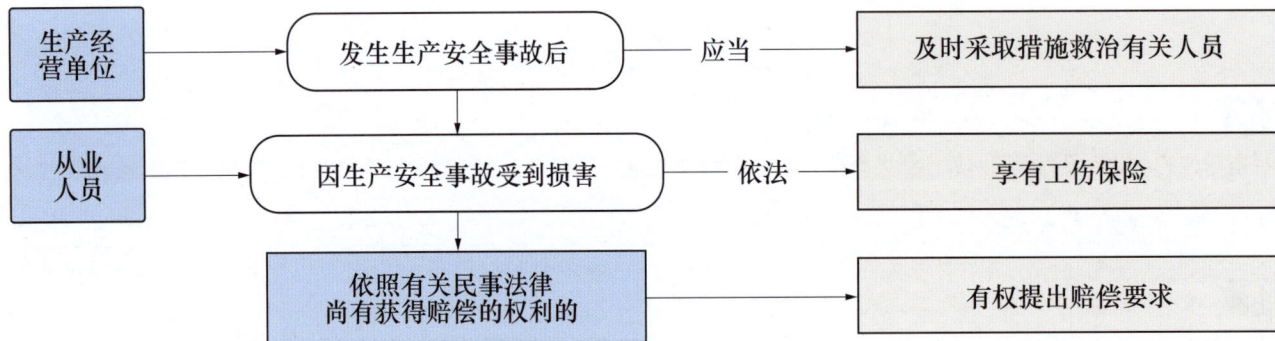

```
┌─────────┐         ┌─────────────────┐          ┌───────────────────────┐
│ 生产经  │────────▶│  发生生产安全事故后 │── 应当 ──▶│  及时采取措施救治有关人员  │
│ 营单位  │         └─────────────────┘          └───────────────────────┘
└─────────┘                  │
                             ▼
┌─────────┐         ┌─────────────────┐          ┌───────────────────────┐
│ 从业    │────────▶│  因生产安全事故受到损害 │── 依法 ──▶│      享有工伤保险       │
│ 人员    │         └─────────────────┘          └───────────────────────┘
└─────────┘                  │
                             ▼
              ┌─────────────────────┐          ┌───────────────────────┐
              │  依照有关民事法律        │─────────▶│     有权提出赔偿要求      │
              │  尚有获得赔偿的权利的     │          └───────────────────────┘
              └─────────────────────┘
```

第五十六条

生产经营单位发生生产安全事故后，应当及时采取措施救治有关人员。

因生产安全事故受到损害的从业人员，除依法享有工伤保险外，依照有关民事法律尚有获得赔偿的权利的，有权提出赔偿要求。

五十三、【从业人员参与安全生产管理的基本义务】第五十七条、第五十八条、第五十九条

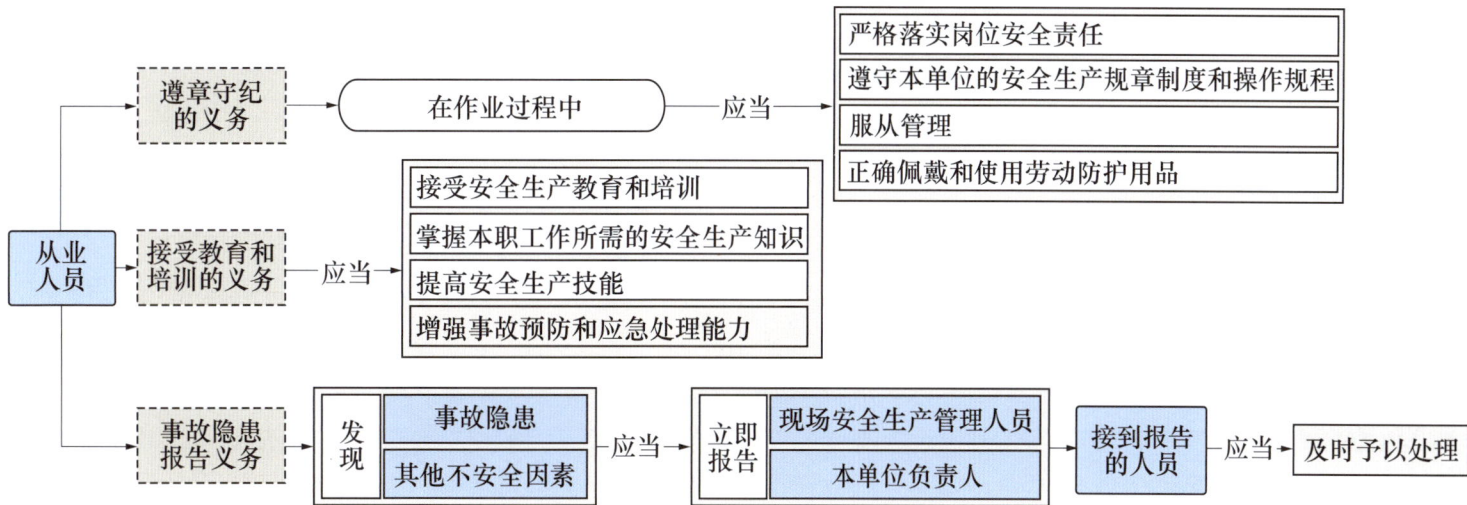

```
                                                          ┌─────────────────────────────┐
                                                          │ 严格落实岗位安全责任        │
                 ┌──────────┐      ┌────────────┐         ├─────────────────────────────┤
                 │ 遵章守纪 │      │            │         │ 遵守本单位的安全生产规章制度和操作规程│
                 │ 的义务   │─────▶│ 在作业过程中│──应当──▶├─────────────────────────────┤
                 └──────────┘      └────────────┘         │ 服从管理                     │
                                                          ├─────────────────────────────┤
                                                          │ 正确佩戴和使用劳动防护用品   │
                                                          └─────────────────────────────┘

                                   ┌────────────────────────┐
                                   │ 接受安全生产教育和培训  │
          ┌──────┐  ┌──────────┐   ├────────────────────────┤
          │ 从业 │  │ 接受教育和│   │ 掌握本职工作所需的安全生产知识│
          │ 人员 │──│ 培训的义务│─应当─│ 提高安全生产技能          │
          └──────┘  └──────────┘   ├────────────────────────┤
                                   │ 增强事故预防和应急处理能力│
                                   └────────────────────────┘

          ┌──────────┐  ┌────┬──────────┐      ┌────┬──────────────┐  ┌────────┐      ┌──────────┐
          │ 事故隐患 │  │发现│ 事故隐患 │─应当─▶│立即│ 现场安全生产管理人员│  │接到报告│─应当─▶│及时予以处理│
          │ 报告义务 │──│    ├──────────┤      │报告├──────────────┤  │ 的人员 │      └──────────┘
          └──────────┘  │    │其他不安全因素│    │    │ 本单位负责人 │  └────────┘
                        └────┴──────────┘      └────┴──────────────┘
```

第五十七条

　　从业人员在作业过程中，应当严格落实岗位安全责任，遵守本单位的安全生产规章制度和操作规程，服从管理，正确佩戴和使用劳动防护用品。

第五十八条

　　从业人员应当接受安全生产教育和培训，掌握本职工作所需的安全生产知识，提高安全生产技能，增强事故预防和应急处理能力。

第五十九条

　　从业人员发现事故隐患或者其他不安全因素，应当立即向现场安全生产管理人员或者本单位负责人报告；接到报告的人员应当及时予以处理。

五十四、【工会监督权】第六十条

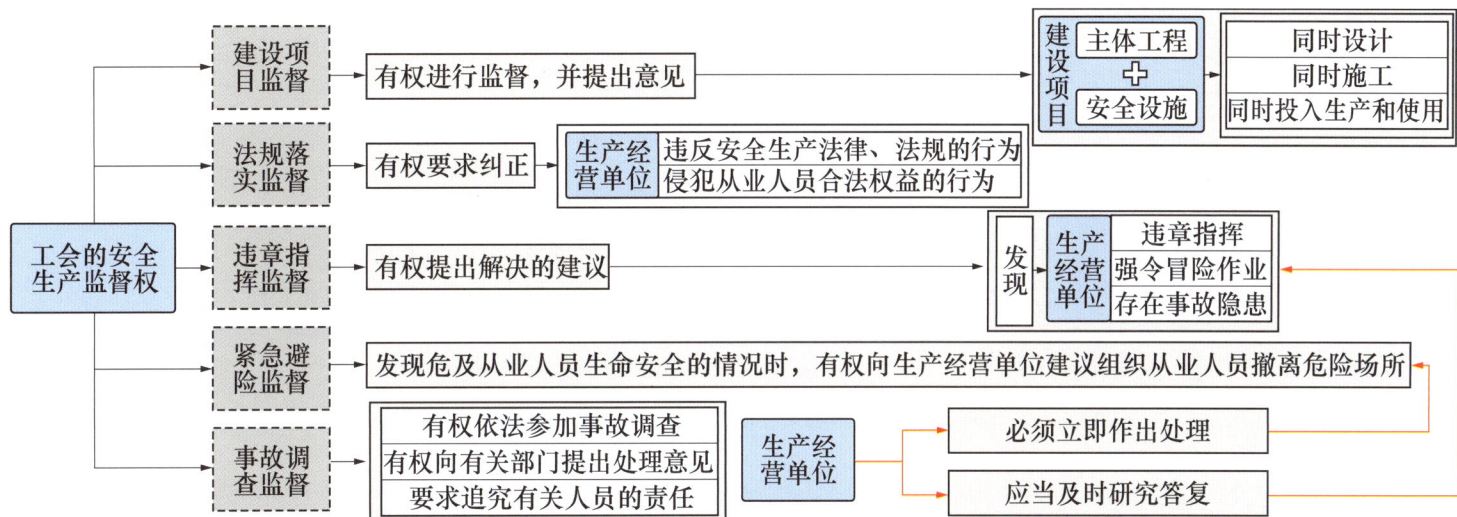

```
                 ┌──────────┐     有权进行监督，并提出意见      ┌──┬────────┐ ┌──────────────┐
                 │ 建设项目 │ ────────────────────────→  │建│主体工程│ │   同时设计   │
                 │   监督   │                            │设│   ＋   │ │   同时施工   │
                 └──────────┘                            │项│安全设施│ │同时投入生产和使用│
                                                         │目└────────┘ └──────────────┘
                 ┌──────────┐     有权要求纠正   ┌──────┬─────────────────────┐
                 │ 法规落实 │ ──────────────→  │生产经│违反安全生产法律、法规的行为│
                 │   监督   │                   │营单位│侵犯从业人员合法权益的行为 │
                 └──────────┘                   └──────┴─────────────────────┘
┌──────────┐     ┌──────────┐     有权提出解决的建议       ┌──┬──────┬──────────┐
│ 工会的安全│────│ 违章指挥 │ ────────────────────→  │发│生产 │  违章指挥  │
│ 生产监督权│     │   监督   │                          │现│经营 │强令冒险作业│
└──────────┘     └──────────┘                          │  │单位 │存在事故隐患│
                 ┌──────────┐  发现危及从业人员生命安全的情况时，有权向生产经营单位建议组织从业人员撤离危险场所
                 │ 紧急避险 │ ──────────────────────────────────────────────
                 │   监督   │
                 └──────────┘
                 ┌──────────┐  ┌─────────────────────┐                    ┌──────────────┐
                 │ 事故调查 │  │有权依法参加事故调查   │  ┌──────┐        │必须立即作出处理│
                 │   监督   │→ │有权向有关部门提出处理意见│ │生产经│──────→ └──────────────┘
                 └──────────┘  │要求追究有关人员的责任 │  │营单位│        ┌──────────────┐
                               └─────────────────────┘  └──────┘──────→ │应当及时研究答复│
                                                                          └──────────────┘
```

第六十条

工会有权对建设项目的安全设施与主体工程同时设计、同时施工、同时投入生产和使用进行监督，提出意见。

工会对生产经营单位违反安全生产法律、法规，侵犯从业人员合法权益的行为，有权要求纠正；发现生产经营单位违章指挥、强令冒险作业或者发现事故隐患时，有权提出解决的建议，生产经营单位应当及时研究答复；发现危及从业人员生命安全的情况时，有权向生产经营单位建议组织从业人员撤离危险场所，生产经营单位必须立即作出处理。

工会有权依法参加事故调查，向有关部门提出处理意见，并要求追究有关人员的责任。

五十五、【被派遣劳动者的权利和义务】第六十一条

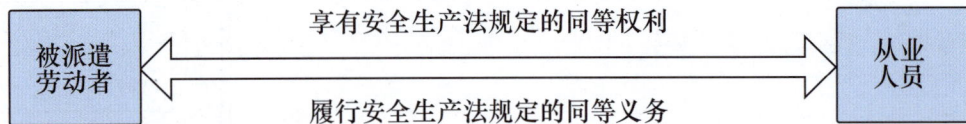

享有安全生产法规定的同等权利

被派遣
劳动者　←————————————————→　从业
人员

履行安全生产法规定的同等义务

第六十一条

生产经营单位使用被派遣劳动者的，被派遣劳动者享有本法规定的从业人员的权利，并应当履行本法规定的从业人员的义务。

第四章　安全生产的监督管理

五十六、【政府部门的监督职责分工】第六十二条

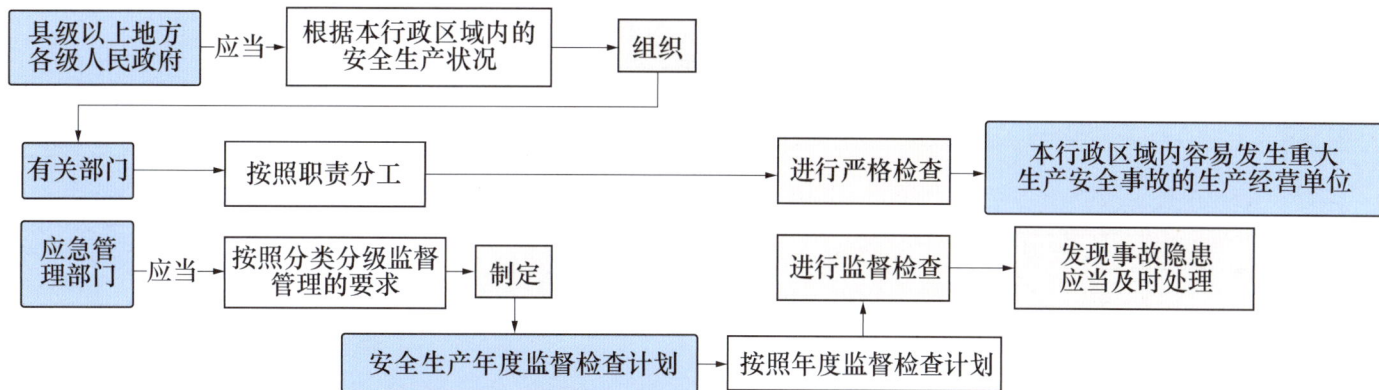

县级以上地方各级人民政府 —应当→ 根据本行政区域内的安全生产状况 → 组织

有关部门 → 按照职责分工 → 进行严格检查 → 本行政区域内容易发生重大生产安全事故的生产经营单位

应急管理部门 —应当→ 按照分类分级监督管理的要求 → 制定 → 安全生产年度监督检查计划 → 按照年度监督检查计划 → 进行监督检查 → 发现事故隐患应当及时处理

第六十二条

县级以上地方各级人民政府应当根据本行政区域内的安全生产状况，组织有关部门按照职责分工，对本行政区域内容易发生重大生产安全事故的生产经营单位进行严格检查。

应急管理部门应当按照分类分级监督管理的要求，制定安全生产年度监督检查计划，并按照年度监督检查计划进行监督检查，发现事故隐患，应当及时处理。

五十七、【安全生产事项的审批与撤消】第六十三条

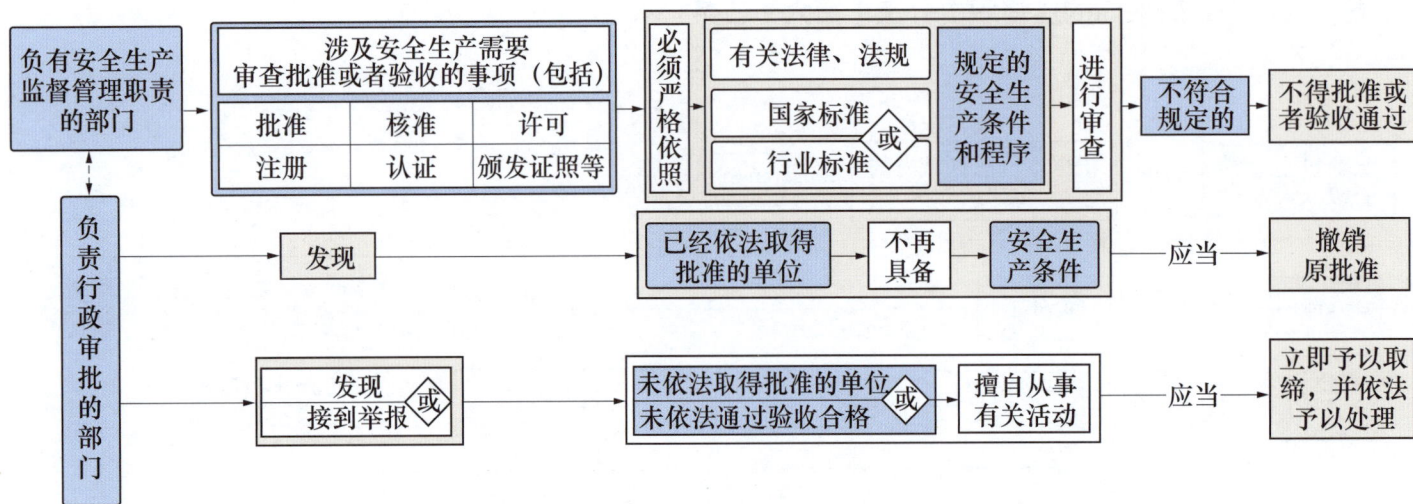

```
负有安全生产        涉及安全生产需要
监督管理职责     审查批准或者验收的事项（包括）
的部门
                批准    核准    许可
                注册    认证   颁发证照等
```

必须严格依照 → 有关法律、法规／国家标准／行业标准（或）→ 规定的安全生产条件和程序 → 进行审查 → 不符合规定的 → 不得批准或者验收通过

负责行政审批的部门

发现 → 已经依法取得批准的单位 → 不再具备 → 安全生产条件 → 应当 → 撤销原批准

发现／接到举报（或）→ 未依法取得批准的单位／未依法通过验收合格（或）→ 擅自从事有关活动 → 应当 → 立即予以取缔，并依法予以处理

第六十三条

负有安全生产监督管理职责的部门依照有关法律、法规的规定，对涉及安全生产的事项需要审查批准（包括批准、核准、许可、注册、认证、颁发证照等，下同）或者验收的，必须严格依照有关法律、法规和国家标准或者行业标准规定的安全生产条件和程序进行审查；不符合有关法律、法规和国家标准或者行业标准规定的安全生产条件的，不得批准或者验收通过。对未依法取得批准或者验收合格的单位擅自从事有关活动的，负责行政审批的部门发现或者接到举报后应当立即予以取缔，并依法予以处理。对已经依法取得批准的单位，负责行政审批的部门发现其不再具备安全生产条件的，应当撤销原批准。

五十八、【政府监管部门的工作纪律】第六十四条

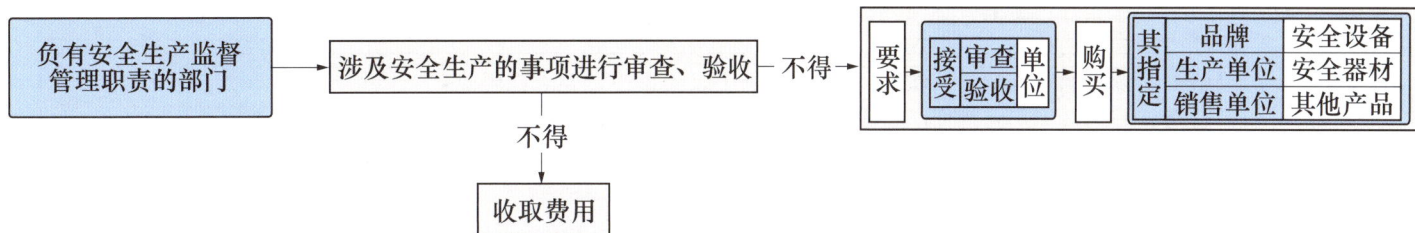

```
┌─────────────┐      ┌──────────────────────┐       ┌─────────────────────────────────────┐
│负有安全生产监督│ ──→ │涉及安全生产的事项进行审查、验收│ ─不得→ │要│接│审查│单│购│其│品牌    │安全设备 │
│管理职责的部门 │      └──────────────────────┘       │求│受│验收│位│买│指│生产单位│安全器材 │
└─────────────┘                │                       │ │ │  │ │ │定│销售单位│其他产品 │
                              不得                      └─────────────────────────────────────┘
                                ↓
                          ┌────────┐
                          │收取费用 │
                          └────────┘
```

第六十四条

　　负有安全生产监督管理职责的部门对涉及安全生产的事项进行审查、验收，不得收取费用；不得要求接受审查、验收的单位购买其指定品牌或者指定生产、销售单位的安全设备、器材或者其他产品。

五十九、【监督检查的职权范围】第六十五条

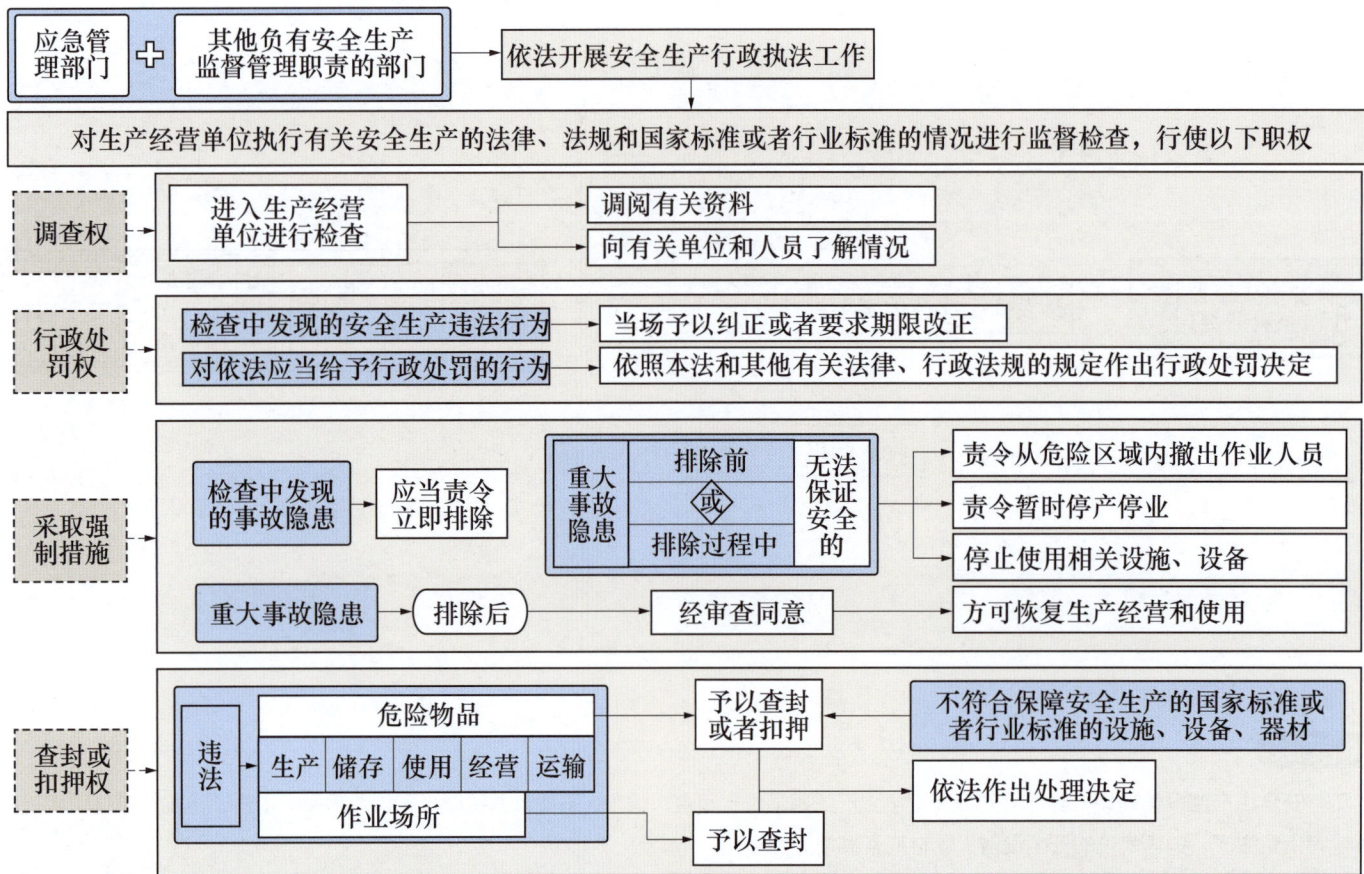

```
┌─────────┐   ┌──────────────────┐      ┌──────────────────────────┐
│ 应急管理 │ ＋ │ 其他负有安全生产      │  →   │ 依法开展安全生产行政执法工作    │
│ 部门     │   │ 监督管理职责的部门    │      └──────────────────────────┘
└─────────┘   └──────────────────┘
```

┌──┐
│ 对生产经营单位执行有关安全生产的法律、法规和国家标准或者行业标准的情况进行监督检查，行使以下职权 │
└──┘

┌──────┐   ┌──────────────┐   ┌──────────────────────┐
│ 调查权 │ → │ 进入生产经营   │   ┌──→ │ 调阅有关资料   │
└──────┘   │ 单位进行检查   │───┤   ├──────────────────────┤
            └──────────────┘   └──→ │ 向有关单位和人员了解情况   │
                                    └──────────────────────┘

┌──────┐   ┌────────────────────┐   ┌──────────────────────────────────┐
│ 行政处 │ → │ 检查中发现的安全生产违法行为 │ → │ 当场予以纠正或者要求期限改正   │
│ 罚权   │   ├────────────────────┤   ├──────────────────────────────────┤
└──────┘   │ 对依法应当给予行政处罚的行为 │ → │ 依照本法和其他有关法律、行政法规的规定作出行政处罚决定 │
            └────────────────────┘   └──────────────────────────────────┘

┌──────┐   ┌────────────┐   ┌──────────┐   ┌────────────────┐   ┌──────────────────────┐
│ 采取强 │ → │ 检查中发现   │ → │ 应当责令   │   │ 重大 │排除前│ 无法 │ → │ 责令从危险区域内撤出作业人员   │
│ 制措施 │   │ 的事故隐患   │   │ 立即排除   │   │ 事故 ├──或──┤ 保证 │   ├──────────────────────┤
└──────┘   └────────────┘   └──────────┘   │ 隐患 │排除 │ 安全 │ → │ 责令暂时停产停业   │
                                            │   │过程中│ 的   │   ├──────────────────────┤
                                            └────────────┘   │ → │ 停止使用相关设施、设备   │
                                                                    └──────────────────────┘
            ┌────────────┐   ┌──────────┐   ┌──────────────┐   ┌──────────────────────┐
            │ 重大事故隐患   │ → │ 排除后   │ → │ 经审查同意   │ → │ 方可恢复生产经营和使用   │
            └────────────┘   └──────────┘   └──────────────┘   └──────────────────────┘

┌──────┐   ┌───────────────────────────────────┐   ┌──────────┐   ┌──────────────────────────┐
│ 查封或 │ → │   │   危险物品   │   │ 予以查封   │ ← │ 不符合保障安全生产的国家标准或   │
│ 扣押权 │   │ 违法 ├──────┬──────┬──────┬──────┤ → │ 或者扣押   │   │ 者行业标准的设施、设备、器材   │
└──────┘   │   │ 生产 │ 储存 │ 使用 │ 经营 │运输│   └──────────┘   └──────────────────────────┘
            │   ├──────┴──────┴──────┴──────┤   ┌──────────────────────────┐
            │   │   作业场所   │   ┌──────────┐   │ 依法作出处理决定   │
            │   └───────────────────────────┘ → │ 予以查封   │   └──────────────────────────┘
            └───────────────────────────────────┘   └──────────┘

第六十五条

应急管理部门和其他负有安全生产监督管理职责的部门依法开展安全生产行政执法工作，对生产经营单位执行有关安全生产的法律、法规和国家标准或者行业标准的情况进行监督检查，行使以下职权：

（一）进入生产经营单位进行检查，调阅有关资料，向有关单位和人员了解情况；

（二）对检查中发现的安全生产违法行为，当场予以纠正或者要求限期改正；对依法应当给予行政处罚的行为，依照本法和其他有关法律、行政法规的规定作出行政处罚决定；

（三）对检查中发现的事故隐患，应当责令立即排除；重大事故隐患排除前或者排除过程中无法保证安全的，应当责令从危险区域内撤出作业人员，责令暂时停产停业或者停止使用相关设施、设备；重大事故隐患排除后，经审查同意，方可恢复生产经营和使用；

（四）对有根据认为不符合保障安全生产的国家标准或者行业标准的设施、设备、器材以及违法生产、储存、使用、经营、运输的危险物品予以查封或者扣押，对违法生产、储存、使用、经营危险物品的作业场所予以查封，并依法作出处理决定。

监督检查不得影响被检查单位的正常生产经营活动。

六十、【监督检查的配合义务】第六十六条

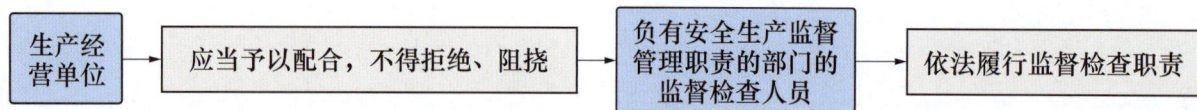

```
┌──────┐    ┌──────────────────┐    ┌──────────────┐    ┌──────────────────┐
│生产经│ →  │应当予以配合，不得拒绝、阻挠│ → │负有安全生产监督│ → │依法履行监督检查职责│
│营单位│    └──────────────────┘    │管理职责的部门的│    └──────────────────┘
└──────┘                            │监督检查人员  │
                                    └──────────────┘
```

第六十六条

　　生产经营单位对负有安全生产监督管理职责的部门的监督检查人员（以下统称安全生产监督检查人员）依法履行监督检查职责，应当予以配合，不得拒绝、阻挠。

六十一、【监督检查人员工作原则】第六十七条

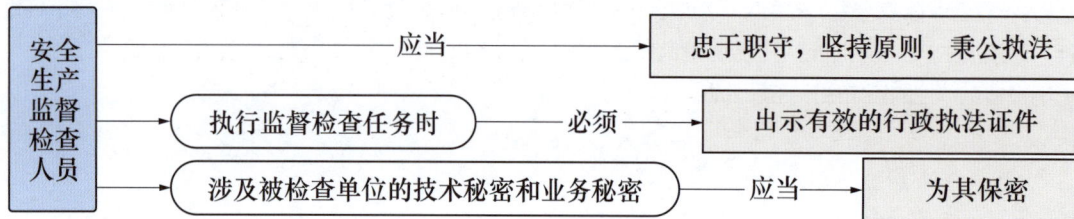

```
┌──────┐  ——应当——→  ┌────────────────────┐
│安全  │            │忠于职守，坚持原则，秉公执法│
│生产  │            └────────────────────┘
│监督  │ → 执行监督检查任务时 ——必须——→ 出示有效的行政执法证件
│检查  │
│人员  │ → 涉及被检查单位的技术秘密和业务秘密 ——应当——→ 为其保密
└──────┘
```

第六十七条

　　安全生产监督检查人员应当忠于职守，坚持原则，秉公执法。
　　安全生产监督检查人员执行监督检查任务时，必须出示有效的行政执法证件；对涉及被检查单位的技术秘密和业务秘密，应当为其保密。

六十二、【监督检查的记录程序】第六十八条

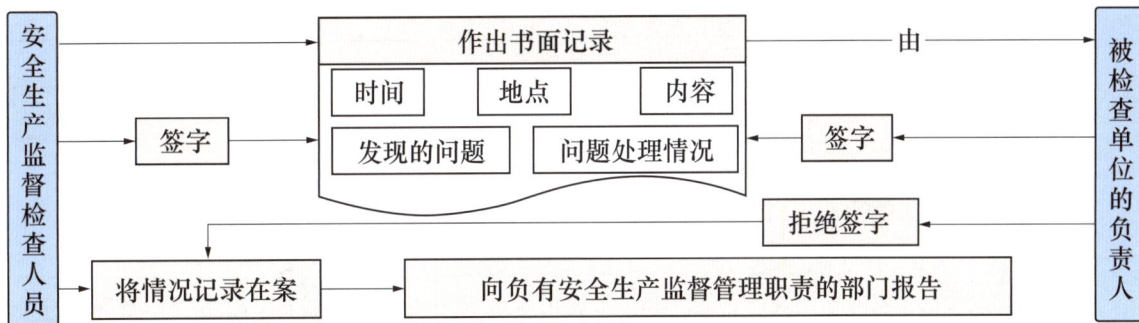

```
┌──────────────────────────────────────────────────┐
│                   作出书面记录                        │
│  ┌────────┐  ┌────────┐      ┌────────┐            │
│  │  时间  │  │  地点  │      │  内容  │            │
│  └────────┘  └────────┘      └────────┘            │
│  ┌────────────┐  ┌────────────────┐                │
│  │  发现的问题  │  │  问题处理情况    │                │
│  └────────────┘  └────────────────┘                │
└──────────────────────────────────────────────────┘
```

安全生产监督检查人员 → 签字 → 作出书面记录 —由→ 被检查单位的负责人

被检查单位的负责人 → 签字

被检查单位的负责人 → 拒绝签字

安全生产监督检查人员 → 将情况记录在案 → 向负有安全生产监督管理职责的部门报告

第六十八条

　　安全生产监督检查人员应当将检查的时间、地点、内容、发现的问题及其处理情况，作出书面记录，并由检查人员和被检查单位的负责人签字；被检查单位的负责人拒绝签字的，检查人员应当将情况记录在案，并向负有安全生产监督管理职责的部门报告。

六十三、【联合检查与分别检查】第六十九条

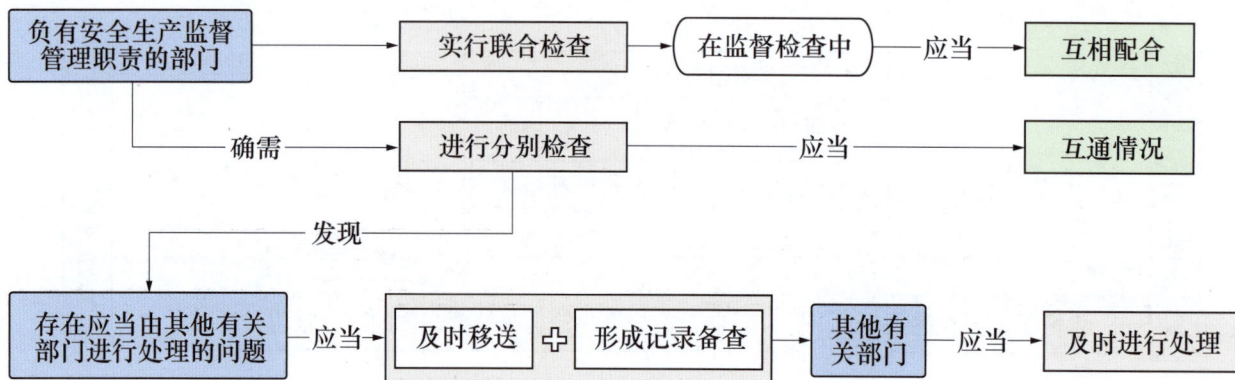

```
┌─────────────┐      ┌──────────┐      ╭───────────╮          ┌────────┐
│ 负有安全生产监督 │─────→│ 实行联合检查 │─────→│ 在监督检查中 │── 应当 ──→│ 互相配合 │
│ 管理职责的部门  │      └──────────┘      ╰───────────╯          └────────┘
└─────────────┘
      │
      │        确需        ┌──────────┐                     ┌────────┐
      └──────────────────→│ 进行分别检查 │────── 应当 ────────→│ 互通情况 │
                          └──────────┘                     └────────┘
      │                        │
      │           发现          │
      ↓────────────────────────┘
┌─────────────┐      ┌──────────┬──────────┐      ┌──────┐          ┌──────────┐
│ 存在应当由其他有关 │─ 应当 →│ 及时移送 │ 形成记录备查 │─────→│ 其他有 │── 应当 ──→│ 及时进行处理 │
│ 部门进行处理的问题 │      └──────────┴──────────┘      │ 关部门 │          └──────────┘
└─────────────┘                                    └──────┘
```

第六十九条

　　负有安全生产监督管理职责的部门在监督检查中，应当互相配合，实行联合检查；确需分别进行检查的，应当互通情况，发现存在的安全问题应当由其他有关部门进行处理的，应当及时移送其他有关部门并形成记录备查，接受移送的部门应当及时进行处理。

六十四、【强制措施】第七十条

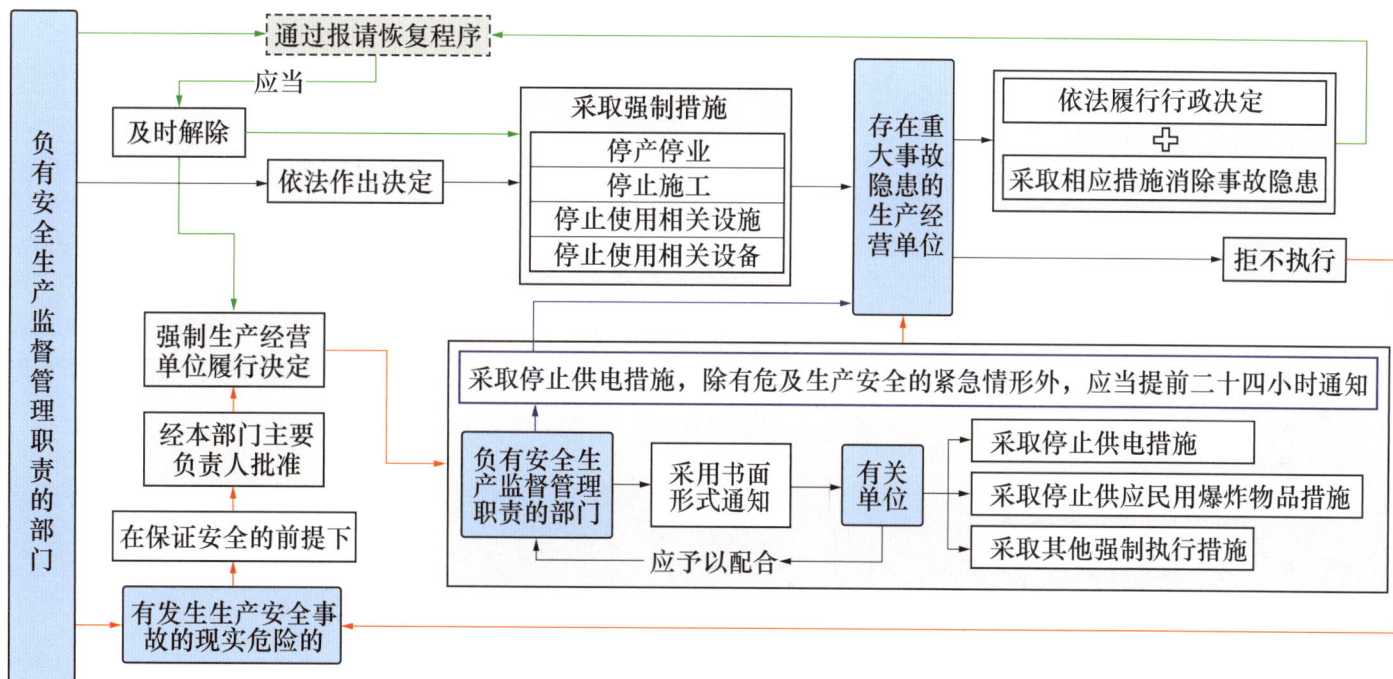

负有安全生产监督管理职责的部门

通过报请恢复程序

应当

及时解除 → 依法作出决定 → 采取强制措施
- 停产停业
- 停止施工
- 停止使用相关设施
- 停止使用相关设备

强制生产经营单位履行决定

经本部门主要负责人批准

在保证安全的前提下

有发生生产安全事故的现实危险的

采取停止供电措施，除有危及生产安全的紧急情形外，应当提前二十四小时通知

负有安全生产监督管理职责的部门 → 采用书面形式通知 → 有关单位
- 采取停止供电措施
- 采取停止供应民用爆炸物品措施
- 采取其他强制执行措施

应予以配合

存在重大事故隐患的生产经营单位

依法履行行政决定
＋
采取相应措施消除事故隐患

拒不执行

第七十条

　　负有安全生产监督管理职责的部门依法对存在重大事故隐患的生产经营单位作出停产停业、停止施工、停止使用相关设施或者设备的决定，生产经营单位应当依法执行，及时消除事故隐患。生产经营单位拒不执行，有发生生产安全事故的现实危险的，在保证安全的前提下，经本部门主要负责人批准，负有安全生产监督管理职责的部门可以采取通知有关单位停止供电、停止供应民用爆炸物品等措施，强制生产经营单位履行决定。通知应当采用书面形式，有关单位应当予以配合。

　　负有安全生产监督管理职责的部门依照前款规定采取停止供电措施，除有危及生产安全的紧急情形外，应当提前二十四小时通知生产经营单位。生产经营单位依法履行行政决定、采取相应措施消除事故隐患的，负有安全生产监督管理职责的部门应当及时解除前款规定的措施。

六十五、【监察机关的履职监察】第七十一条

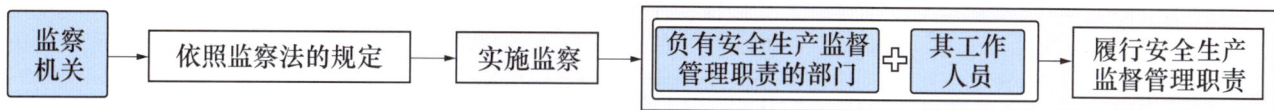

```
┌──────┐      ┌────────────┐      ┌────────┐      ┌─────────────────────────────┐      ┌─────────────┐
│ 监察 │ ───→ │依照监察法的规定│ ───→ │实施监察│ ───→ │负有安全生产监督 ┃ 其工作│ ───→ │履行安全生产  │
│ 机关 │      │            │      │        │      │管理职责的部门  ╋ 人员  │      │监督管理职责  │
└──────┘      └────────────┘      └────────┘      └─────────────────────────────┘      └─────────────┘
```

第七十一条

　　监察机关依照监察法的规定，对负有安全生产监督管理职责的部门及其工作人员履行安全生产监督管理职责实施监察。

六十六、【安全生产服务机构的条件和责任】第七十二条

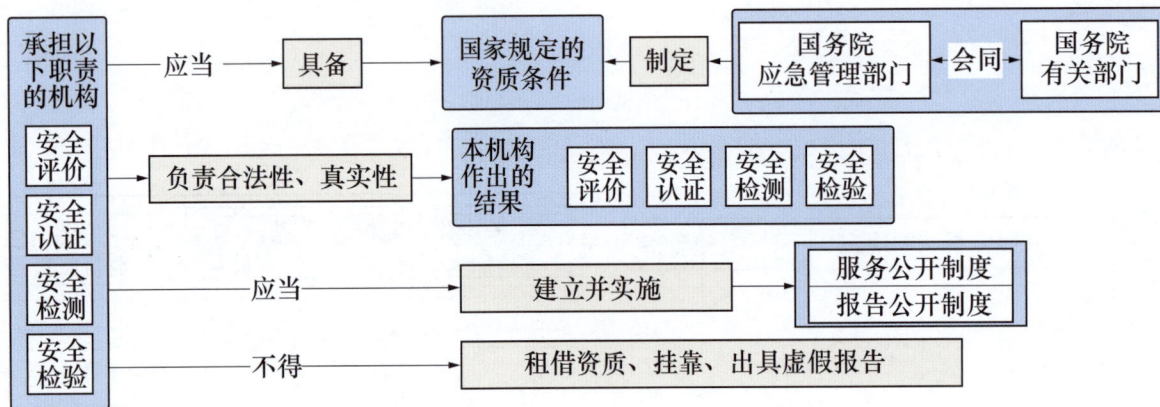

承担以下职责的机构

- 安全评价
- 安全认证
- 安全检测
- 安全检验

应当 → **具备** → **国家规定的资质条件** ← **制定** ← **国务院应急管理部门** ← **会同** ← **国务院有关部门**

安全评价 / 安全认证 → **负责合法性、真实性** — 本机构作出的结果：安全评价 安全认证 安全检测 安全检验

安全检测 — **应当** → **建立并实施** → 服务公开制度 / 报告公开制度

安全检验 — **不得** → 租借资质、挂靠、出具虚假报告

第七十二条

　　承担安全评价、认证、检测、检验职责的机构应当具备国家规定的资质条件，并对其作出的安全评价、认证、检测、检验结果的合法性、真实性负责。资质条件由国务院应急管理部门会同国务院有关部门制定。

　　承担安全评价、认证、检测、检验职责的机构应当建立并实施服务公开和报告公开制度，不得租借资质、挂靠、出具虚假报告。

六十七、【举报与核查制度】第七十三条

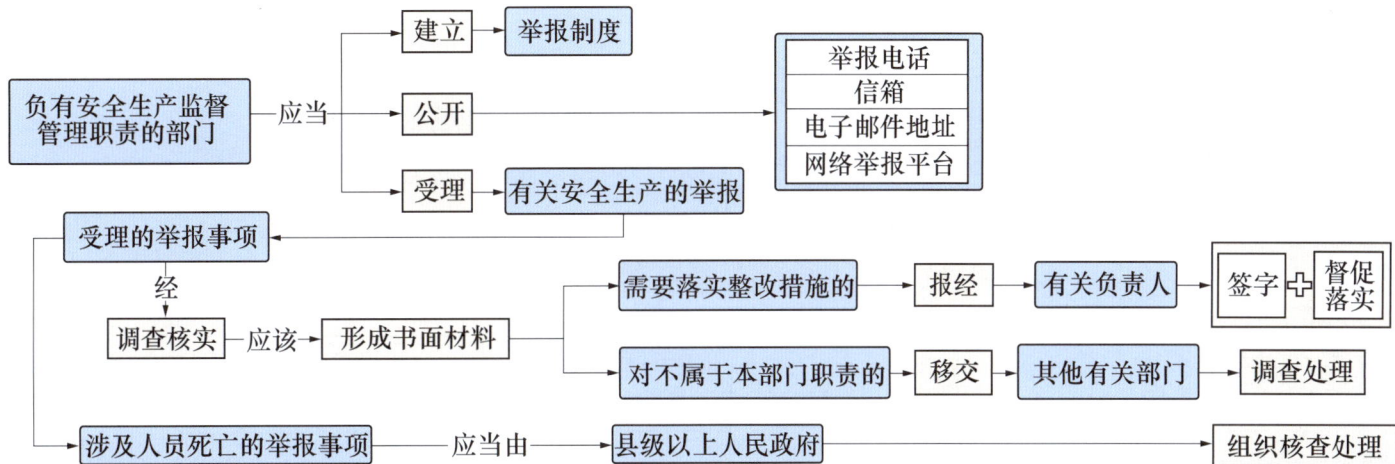

```
                          建立 ──→ 举报制度
                                                    ┌─────────────┐
                                                    │  举报电话    │
负有安全生产监督  ──应当──→  公开 ──────────────────→│   信箱      │
管理职责的部门                                        │ 电子邮件地址 │
                                                    │ 网络举报平台 │
                          受理 ──→ 有关安全生产的举报  └─────────────┘

受理的举报事项 ←──────────────────────

    │经
    ↓                              需要落实整改措施的 ──→ 报经 ──→ 有关负责人 ──→ 签字 ＋ 督促落实
调查核实 ──应该──→ 形成书面材料
                                  对不属于本部门职责的 ──→ 移交 ──→ 其他有关部门 ──→ 调查处理

涉及人员死亡的举报事项 ──应当由──→ 县级以上人民政府 ──────────────→ 组织核查处理
```

第七十三条

　　负有安全生产监督管理职责的部门应当建立举报制度，公开举报电话、信箱或者电子邮件地址等网络举报平台，受理有关安全生产的举报；受理的举报事项经调查核实后，应当形成书面材料；需要落实整改措施的，报经有关负责人签字并督促落实。对不属于本部门职责，需要由其他有关部门进行调查处理的，转交其他有关部门处理。

　　涉及人员死亡的举报事项，应当由县级以上人民政府组织核查处理。

六十八、【举报权和公益诉讼】第七十四条

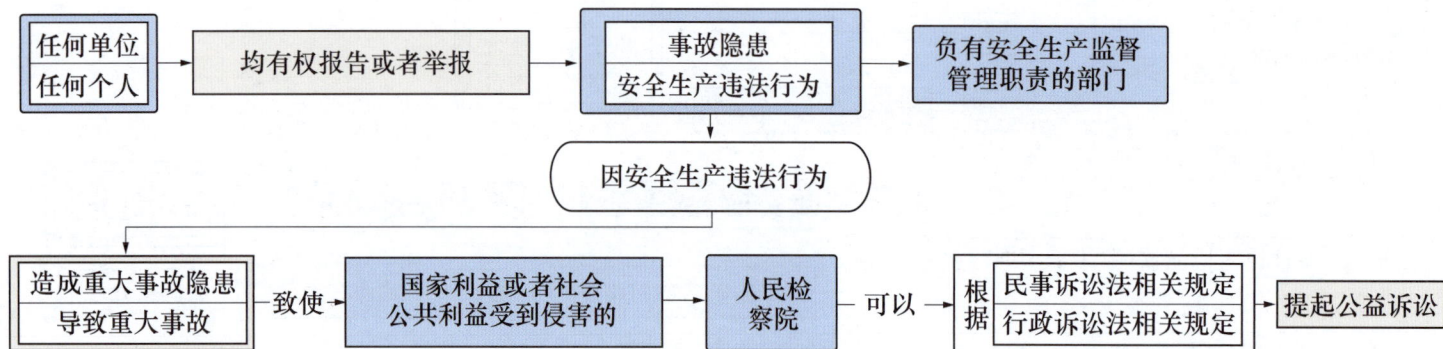

```
┌──────────┐      ┌──────────────────┐      ┌──────────────┐      ┌────────────────────┐
│ 任何单位 │─────▶│ 均有权报告或者举报 │─────▶│   事故隐患    │─────▶│ 负有安全生产监督    │
│ 任何个人 │      └──────────────────┘      │ 安全生产违法行为│      │ 管理职责的部门      │
└──────────┘                                 └──────────────┘      └────────────────────┘
                                                    │
                                            ┌───────────────────┐
                                            │ 因安全生产违法行为 │
                                            └───────────────────┘
                                                    │
┌────────────────┐        ┌────────────────┐     ┌────────┐         ┌──────────────────┐      ┌──────────────┐
│ 造成重大事故隐患 │─致使─▶│ 国家利益或者社会 │───▶│人民检 │─可以─根据│ 民事诉讼法相关规定 │─────▶│ 提起公益诉讼 │
│ 导致重大事故    │        │ 公共利益受到侵害的│     │察院   │         │ 行政诉讼法相关规定 │      └──────────────┘
└────────────────┘        └────────────────┘     └────────┘         └──────────────────┘
```

第七十四条

任何单位或者个人对事故隐患或者安全生产违法行为，均有权向负有安全生产监督管理职责的部门报告或者举报。

因安全生产违法行为造成重大事故隐患或者导致重大事故，致使国家利益或者社会公共利益受到侵害的，人民检察院可以根据民事诉讼法、行政诉讼法的相关规定提起公益诉讼。

六十九、【举报义务】第七十五条

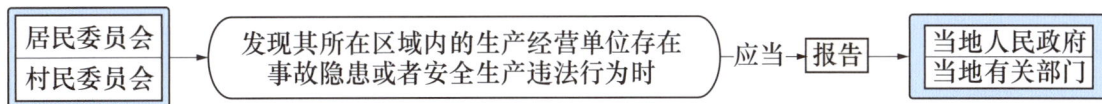

```
┌─────────┐      ╭─────────────────────────╮              ┌──────────┐
│ 居民委员会 │ ───→ │ 发现其所在区域内的生产经营单位存在  │ ─应当─→ 报告 ─→ │ 当地人民政府 │
│ 村民委员会 │      │ 事故隐患或者安全生产违法行为时   │              │ 当地有关部门 │
└─────────┘      ╰─────────────────────────╯              └──────────┘
```

第七十五条 •

　　居民委员会、村民委员会发现其所在区域内的生产经营单位存在事故隐患或者安全生产违法行为时，应当向当地人民政府或者有关部门报告。

七十、【举报奖励】第七十六条

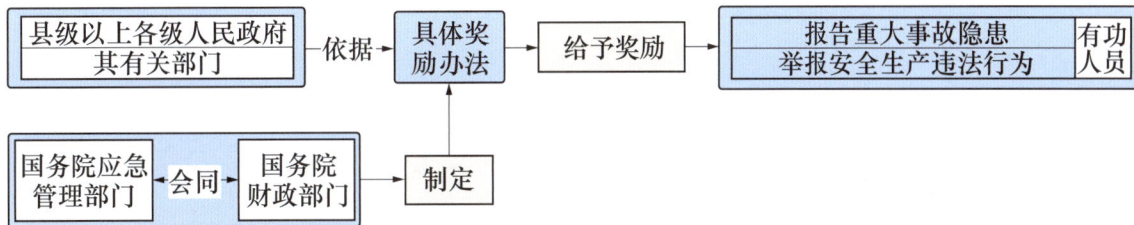

```
┌─────────────┐        ┌──────┐     ┌────────┐    ┌──────────────────┬────┐
│ 县级以上各级人民政府 │ ─依据─→ │ 具体奖 │ ──→ │ 给予奖励 │ ─→ │ 报告重大事故隐患        │ 有功 │
│ 其有关部门      │        │ 励办法 │     └────────┘    │ 举报安全生产违法行为     │ 人员 │
└─────────────┘        └──────┘                    └──────────────────┴────┘
                           ↑
┌─────────┐      ┌─────────┐  ┌──────┐
│ 国务院应急   │ ─会同─ │ 国务院    │→│ 制定  │
│ 管理部门   │      │ 财政部门   │  └──────┘
└─────────┘      └─────────┘
```

第七十六条 •

　　县级以上各级人民政府及其有关部门对报告重大事故隐患或者举报安全生产违法行为的有功人员，给予奖励。具体奖励办法由国务院应急管理部门会同国务院财政部门制定。

七十一、【舆论监督】第七十七条

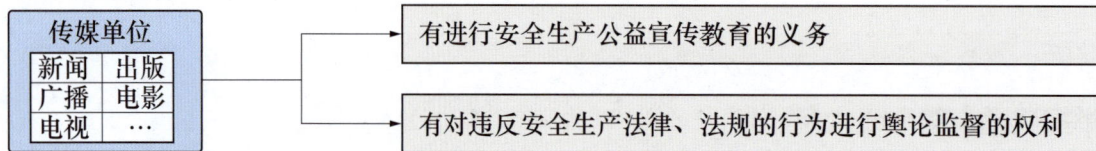

| 传媒单位 | | → 有进行安全生产公益宣传教育的义务 |

```
┌─────────────┐
│  传媒单位    │
├──────┬──────┤        ┌──────────────────────────────────────────────┐
│ 新闻 │ 出版 │   →    │ 有进行安全生产公益宣传教育的义务                │
├──────┼──────┤        └──────────────────────────────────────────────┘
│ 广播 │ 电影 │
├──────┼──────┤        ┌──────────────────────────────────────────────┐
│ 电视 │ …    │   →    │ 有对违反安全生产法律、法规的行为进行舆论监督的权利 │
└──────┴──────┘        └──────────────────────────────────────────────┘
```

第七十七条

　　新闻、出版、广播、电影、电视等单位有进行安全生产公益宣传教育的义务，有对违反安全生产法律、法规的行为进行舆论监督的权利。

七十二、【联合惩戒与社会监督机制】第七十八条

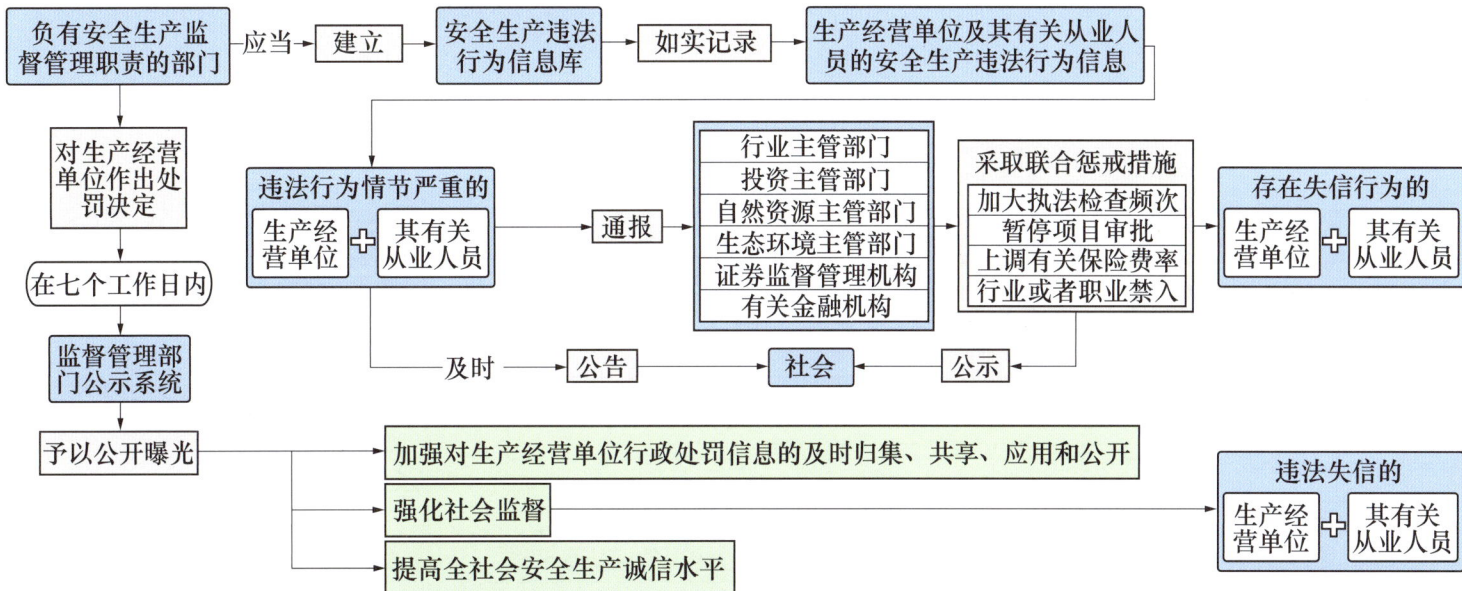

负有安全生产监督管理职责的部门 —应当→ 建立 → 安全生产违法行为信息库 —如实记录→ 生产经营单位及其有关从业人员的安全生产违法行为信息

对生产经营单位作出处罚决定

违法行为情节严重的 生产经营单位 + 其有关从业人员 —通报→ 行业主管部门 投资主管部门 自然资源主管部门 生态环境主管部门 证券监督管理机构 有关金融机构

采取联合惩戒措施 加大执法检查频次 暂停项目审批 上调有关保险费率 行业或者职业禁入 → 存在失信行为的 生产经营单位 + 其有关从业人员

在七个工作日内

监督管理部门公示系统

及时 —公告→ 社会 ←公示—

予以公开曝光 → 加强对生产经营单位行政处罚信息的及时归集、共享、应用和公开

强化社会监督 → 违法失信的 生产经营单位 + 其有关从业人员

提高全社会安全生产诚信水平

第七十八条

　　负有安全生产监督管理职责的部门应当建立安全生产违法行为信息库，如实记录生产经营单位及其有关从业人员的安全生产违法行为信息；对违法行为情节严重的生产经营单位及其有关从业人员，应当及时向社会公告，并通报行业主管部门、投资主管部门、自然资源主管部门、生态环境主管部门、证券监督管理机构以及有关金融机构。有关部门和机构应当对存在失信行为的生产经营单位及其有关从业人员采取加大执法检查频次、暂停项目审批、上调有关保险费率、行业或者职业禁入等联合惩戒措施，并向社会公示。

　　负有安全生产监督管理职责的部门应当加强对生产经营单位行政处罚信息的及时归集、共享、应用和公开，对生产经营单位作出处罚决定后七个工作日内在监督管理部门公示系统予以公开曝光，强化对违法失信生产经营单位及其有关从业人员的社会监督，提高全社会安全生产诚信水平。

第五章　生产安全事故的应急救援与调查处理

七十三、【国家级事故应急救援体系建设】第七十九条

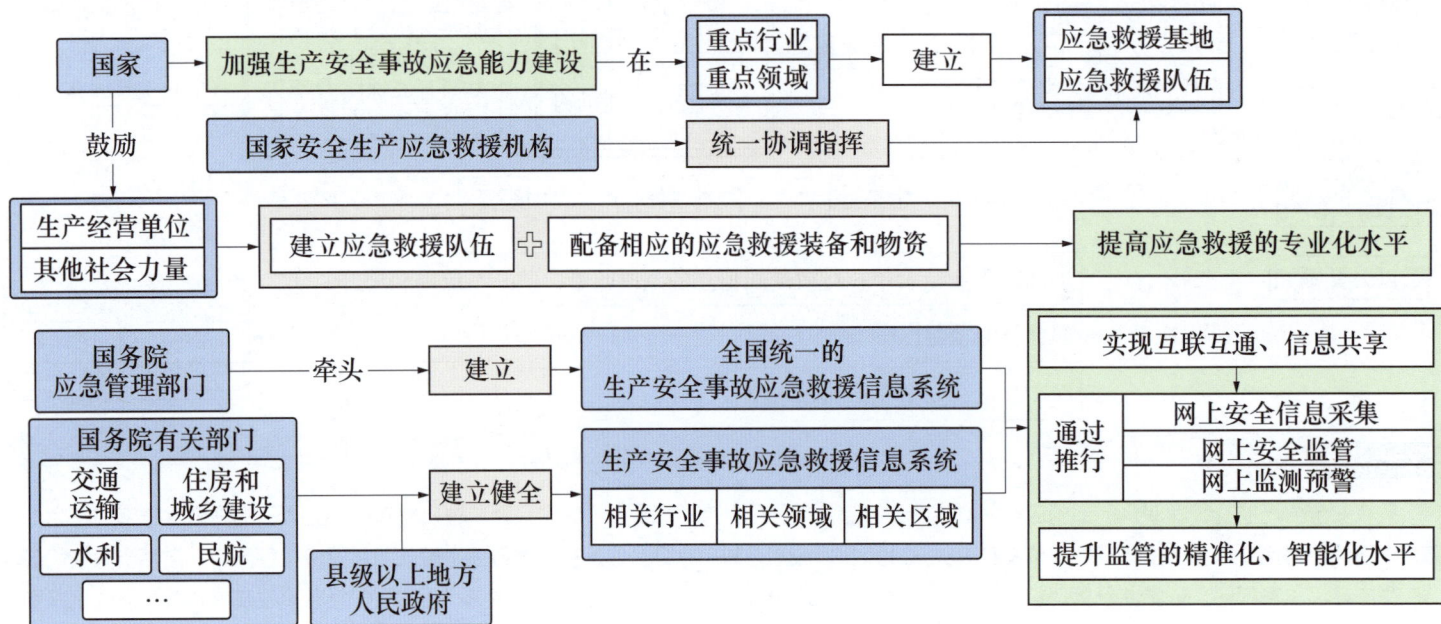

```
国家 ──→ 加强生产安全事故应急能力建设 ──在──→ 重点行业/重点领域 ──建立──→ 应急救援基地/应急救援队伍
 │
鼓励
 │
国家安全生产应急救援机构 ──→ 统一协调指挥 ──→ 应急救援基地/应急救援队伍

生产经营单位/其他社会力量 ──→ 建立应急救援队伍 ＋ 配备相应的应急救援装备和物资 ──→ 提高应急救援的专业化水平

国务院应急管理部门 ──牵头──→ 建立 ──→ 全国统一的生产安全事故应急救援信息系统

国务院有关部门
交通运输　住房和城乡建设
水利　民航
……
──→ 建立健全 ──→ 生产安全事故应急救援信息系统
相关行业　相关领域　相关区域

县级以上地方人民政府

实现互联互通、信息共享
通过推行：网上安全信息采集／网上安全监管／网上监测预警
提升监管的精准化、智能化水平
```

第七十九条

　　国家加强生产安全事故应急能力建设，在重点行业、领域建立应急救援基地和应急救援队伍，并由国家安全生产应急救援机构统一协调指挥；鼓励生产经营单位和其他社会力量建立应急救援队伍，配备相应的应急救援装备和物资，提高应急救援的专业化水平。

　　国务院应急管理部门牵头建立全国统一的生产安全事故应急救援信息系统，国务院交通运输、住房和城乡建设、水利、民航等有关部门和县级以上地方人民政府建立健全相关行业、领域、地区的生产安全事故应急救援信息系统，实现互联互通、信息共享，通过推行网上安全信息采集、安全监管和监测预警，提升监管的精准化、智能化水平。

七十四、【地方政府级事故应急救援体系建设】第八十条

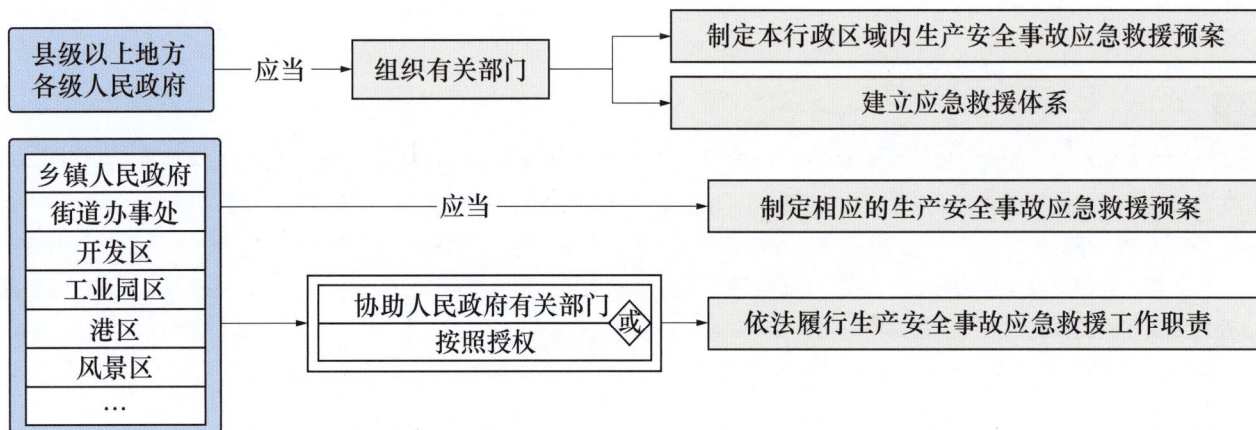

```
┌──────────────┐        ┌──────────────┐        ┌────────────────────────────────────┐
│ 县级以上地方  │ 应当 → │ 组织有关部门  │ ──┬──→ │ 制定本行政区域内生产安全事故应急救援预案 │
│ 各级人民政府  │        └──────────────┘   │    └────────────────────────────────────┘
└──────────────┘                            └──→ ┌────────────────────────────────────┐
                                                  │          建立应急救援体系            │
                                                  └────────────────────────────────────┘

┌──────────────┐
│ 乡镇人民政府  │
├──────────────┤ ──── 应当 ────────────→ ┌────────────────────────────────────┐
│ 街道办事处    │                          │  制定相应的生产安全事故应急救援预案    │
├──────────────┤                          └────────────────────────────────────┘
│ 开发区        │
├──────────────┤
│ 工业园区      │        ┌──────────────────┐
├──────────────┤ ─────→ │ 协助人民政府有关部门 或│ ──→ ┌────────────────────────────────────┐
│ 港区          │        │ 按照授权          │      │  依法履行生产安全事故应急救援工作职责  │
├──────────────┤        └──────────────────┘      └────────────────────────────────────┘
│ 风景区        │
├──────────────┤
│ ...          │
└──────────────┘
```

第八十条

　　县级以上地方各级人民政府应当组织有关部门制定本行政区域内生产安全事故应急救援预案，建立应急救援体系。

　　乡镇人民政府和街道办事处，以及开发区、工业园区、港区、风景区等应当制定相应的生产安全事故应急救援预案，协助人民政府有关部门或者按照授权依法履行生产安全事故应急救援工作职责。

七十五、【生产经营单位事故应急预案及演练】第八十一条

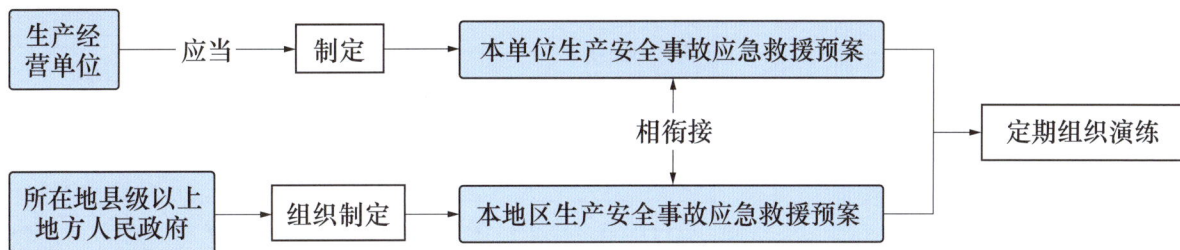

```
┌──────────┐                ┌──────────┐    ┌──────────────────────────────┐
│ 生产经   │ ──应当──→      │  制定    │──→ │ 本单位生产安全事故应急救援预案 │──┐
│ 营单位   │                └──────────┘    └──────────────────────────────┘  │
└──────────┘                                              ↑                    │    ┌──────────────┐
                                                       相衔接                   ├──→ │ 定期组织演练 │
                                                          ↓                    │    └──────────────┘
┌──────────────┐            ┌──────────┐    ┌──────────────────────────────┐  │
│ 所在地县级以上 │ ──────→   │ 组织制定 │──→ │ 本地区生产安全事故应急救援预案 │──┘
│ 地方人民政府  │            └──────────┘    └──────────────────────────────┘
└──────────────┘
```

第八十一条

　　生产经营单位应当制定本单位生产安全事故应急救援预案，与所在地县级以上地方人民政府组织制定的生产安全事故应急救援预案相衔接，并定期组织演练。

七十六、【高危行业事故应急救援体系建设】第八十二条

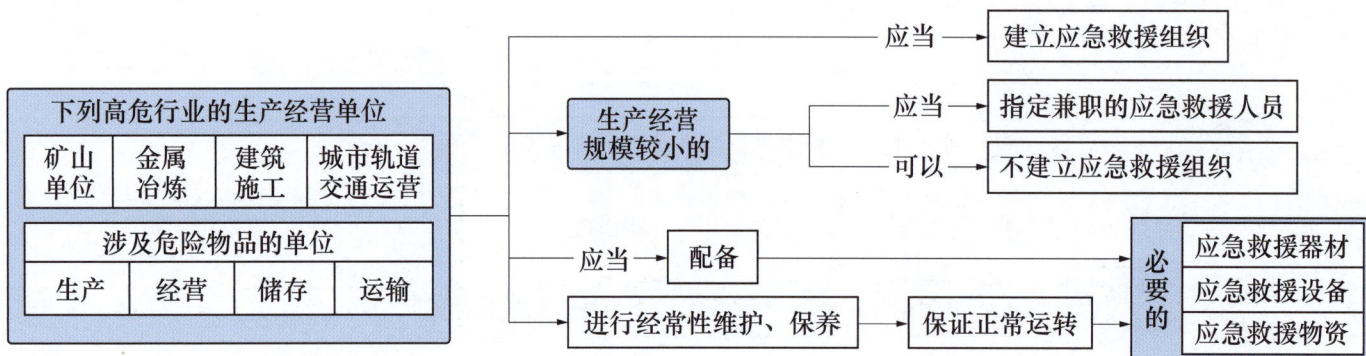

下列高危行业的生产经营单位

| 矿山单位 | 金属冶炼 | 建筑施工 | 城市轨道交通运营 |

涉及危险物品的单位

| 生产 | 经营 | 储存 | 运输 |

生产经营规模较小的
- 应当 → 建立应急救援组织
- 应当 → 指定兼职的应急救援人员
- 可以 → 不建立应急救援组织

应当 → 配备
进行经常性维护、保养 → 保证正常运转

必要的
- 应急救援器材
- 应急救援设备
- 应急救援物资

第八十二条

　　危险物品的生产、经营、储存单位以及矿山、金属冶炼、城市轨道交通运营、建筑施工单位应当建立应急救援组织；生产经营规模较小的，可以不建立应急救援组织，但应当指定兼职的应急救援人员。

　　危险物品的生产、经营、储存、运输单位以及矿山、金属冶炼、城市轨道交通运营、建筑施工单位应当配备必要的应急救援器材、设备和物资，并进行经常性维护、保养，保证正常运转。

七十七、【生产经营单位的事故报告及抢救义务】第八十三条

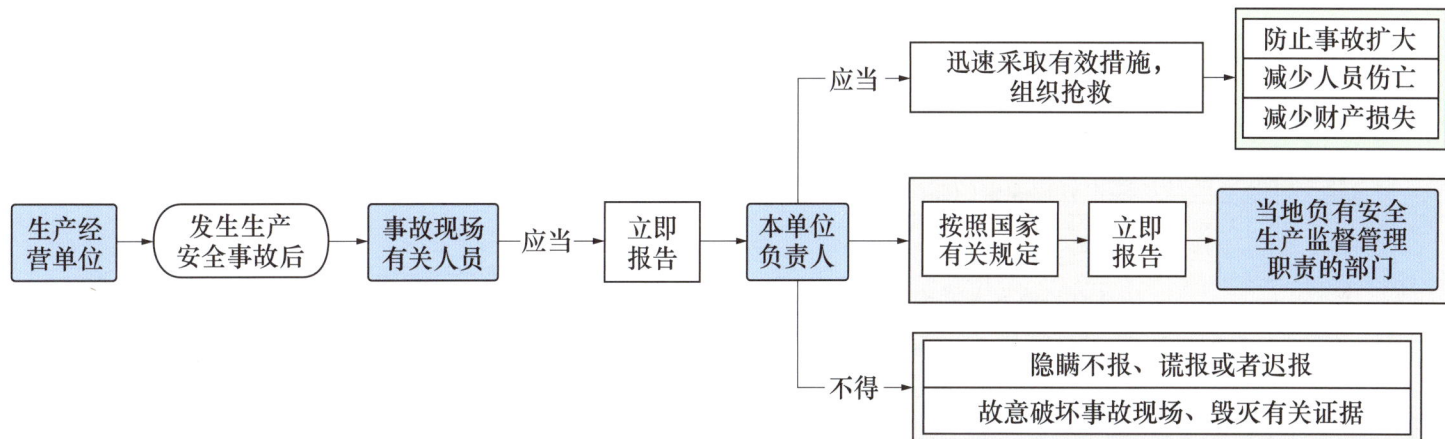

```
                                                              ┌─ 应当 ─┬─ 迅速采取有效措施，──┬─ 防止事故扩大 ─┐
                                                              │         │    组织抢救           ├─ 减少人员伤亡 ─┤
                                                              │         └──────────────────────┴─ 减少财产损失 ─┘
                                                              │
┌──────┐  ┌──────┐  ┌──────┐       ┌──────┐  ┌──────┐  │  ┌──────┐  ┌──────┐  ┌──────────┐
│生产经│  │发生生产│  │事故现场│  应当 │立即  │  │本单位│──┼─│按照国家│  │立即  │  │当地负有安全│
│营单位│→│安全事故后│→│有关人员│────→│报告  │→│负责人│  │  │有关规定│→│报告  │→│生产监督管理│
└──────┘  └──────┘  └──────┘       └──────┘  └──────┘  │  └──────┘  └──────┘  │职责的部门  │
                                                              │                             └──────────┘
                                                              └─ 不得 ─┬─ 隐瞒不报、谎报或者迟报 ──────┐
                                                                        └─ 故意破坏事故现场、毁灭有关证据 ┘
```

第八十三条

　　生产经营单位发生生产安全事故后，事故现场有关人员应当立即报告本单位负责人。

　　单位负责人接到事故报告后，应当迅速采取有效措施，组织抢救，防止事故扩大，减少人员伤亡和财产损失，并按照国家有关规定立即如实报告当地负有安全生产监督管理职责的部门，不得隐瞒不报、谎报或者迟报，不得故意破坏事故现场、毁灭有关证据。

七十八、【安全监管部门及地方人民政府的事故报告义务】第八十四条

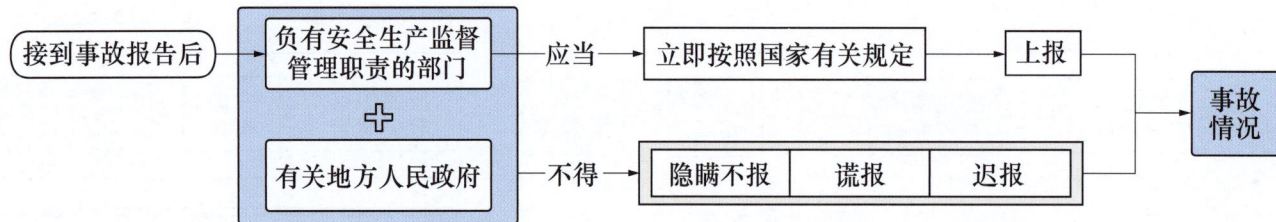

接到事故报告后 → 负有安全生产监督管理职责的部门 ✚ 有关地方人民政府

负有安全生产监督管理职责的部门 —— 应当 → 立即按照国家有关规定 → 上报 → 事故情况

有关地方人民政府 —— 不得 → 隐瞒不报 | 谎报 | 迟报 → 事故情况

第八十四条

　　负有安全生产监督管理职责的部门接到事故报告后，应当立即按照国家有关规定上报事故情况。负有安全生产监督管理职责的部门和有关地方人民政府对事故情况不得隐瞒不报、谎报或者迟报。

七十九、【事故抢救义务】第八十五条

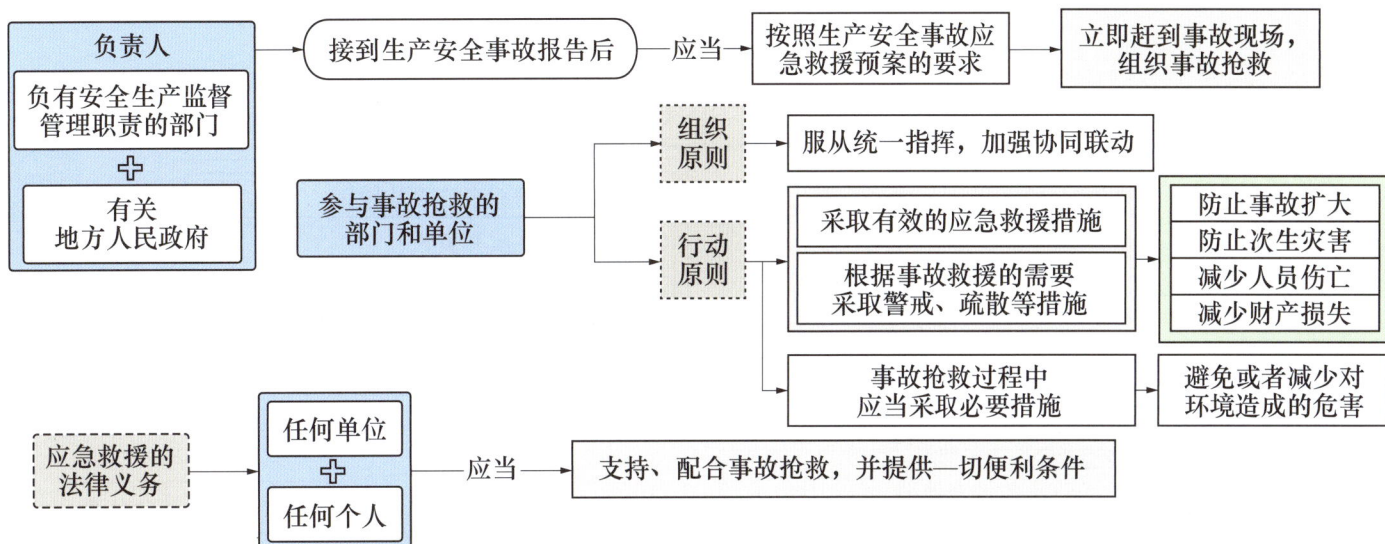

负责人
负有安全生产监督管理职责的部门
＋
有关地方人民政府

接到生产安全事故报告后 —应当→ 按照生产安全事故应急救援预案的要求 → 立即赶到事故现场，组织事故抢救

参与事故抢救的部门和单位

组织原则 → 服从统一指挥，加强协同联动

行动原则
- 采取有效的应急救援措施
- 根据事故救援的需要采取警戒、疏散等措施

防止事故扩大
防止次生灾害
减少人员伤亡
减少财产损失

事故抢救过程中应当采取必要措施 → 避免或者减少对环境造成的危害

应急救援的法律义务
任何单位
＋
任何个人
—应当→ 支持、配合事故抢救，并提供一切便利条件

第八十五条

有关地方人民政府和负有安全生产监督管理职责的部门的负责人接到生产安全事故报告后，应当按照生产安全事故应急救援预案的要求立即赶到事故现场，组织事故抢救。

参与事故抢救的部门和单位应当服从统一指挥，加强协同联动，采取有效的应急救援措施，并根据事故救援的需要采取警戒、疏散等措施，防止事故扩大和次生灾害的发生，减少人员伤亡和财产损失。

事故抢救过程中应当采取必要措施，避免或者减少对环境造成的危害。

任何单位和个人都应当支持、配合事故抢救，并提供一切便利条件。

八十、【事故调查处理】第八十六条

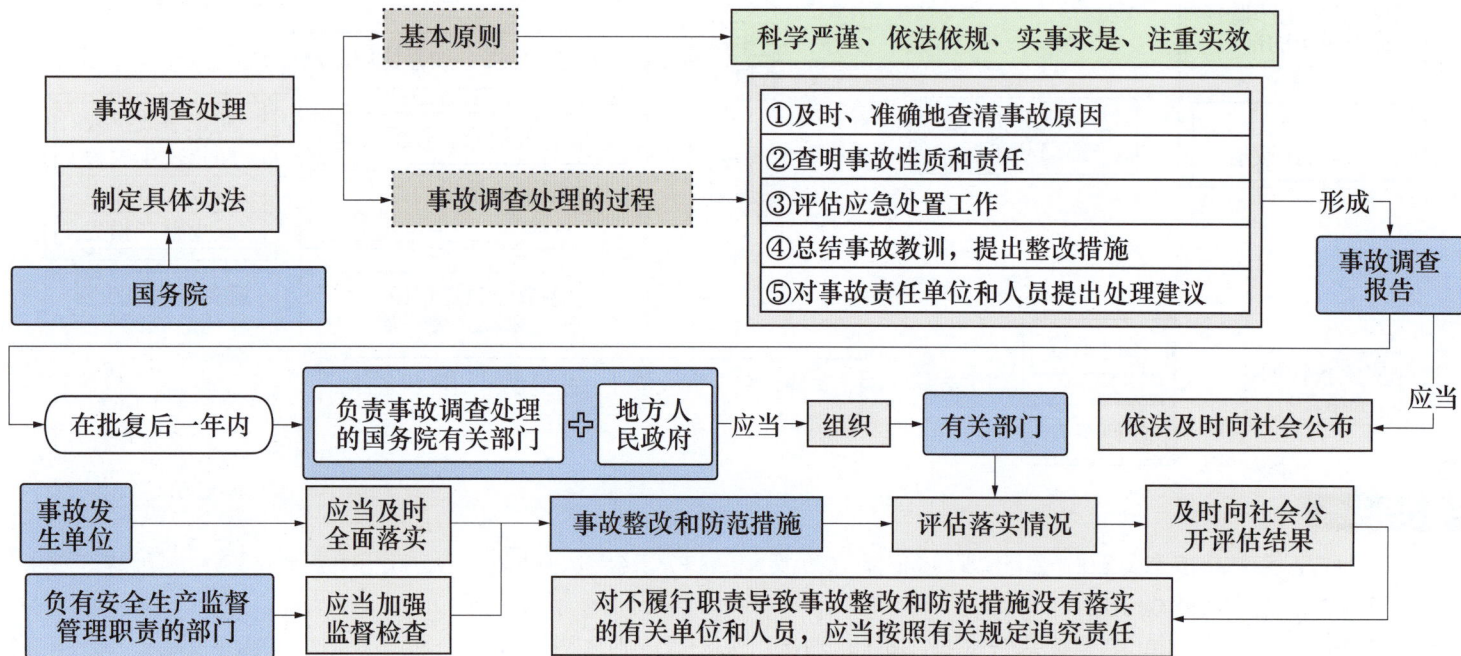

事故调查处理 → 基本原则 → 科学严谨、依法依规、实事求是、注重实效

事故调查处理 → 事故调查处理的过程

制定具体办法 ← 国务院

事故调查处理的过程 →

①及时、准确地查清事故原因
②查明事故性质和责任
③评估应急处置工作
④总结事故教训，提出整改措施
⑤对事故责任单位和人员提出处理建议

→ 形成 → 事故调查报告

在批复后一年内 → 负责事故调查处理的国务院有关部门 ＋ 地方人民政府 → 应当 → 组织 → 有关部门 → 依法及时向社会公布

应当 ← 事故调查报告

事故发生单位 → 应当及时全面落实 → 事故整改和防范措施 → 评估落实情况 → 及时向社会公开评估结果

负有安全生产监督管理职责的部门 → 应当加强监督检查

对不履行职责导致事故整改和防范措施没有落实的有关单位和人员，应当按照有关规定追究责任

第八十六条

　　事故调查处理应当按照科学严谨、依法依规、实事求是、注重实效的原则，及时、准确地查清事故原因，查明事故性质和责任，评估应急处置工作，总结事故教训，提出整改措施，并对事故责任单位和人员提出处理建议。事故调查报告应当依法及时向社会公布。事故调查和处理的具体办法由国务院制定。

　　事故发生单位应当及时全面落实整改措施，负有安全生产监督管理职责的部门应当加强监督检查。

　　负责事故调查处理的国务院有关部门和地方人民政府应当在批复事故调查报告后一年内，组织有关部门对事故整改和防范措施落实情况进行评估，并及时向社会公开评估结果；对不履行职责导致事故整改和防范措施没有落实的有关单位和人员，应当按照有关规定追究责任。

八十一、【事故责任依法追究与执法保障】第八十七条、第八十八条

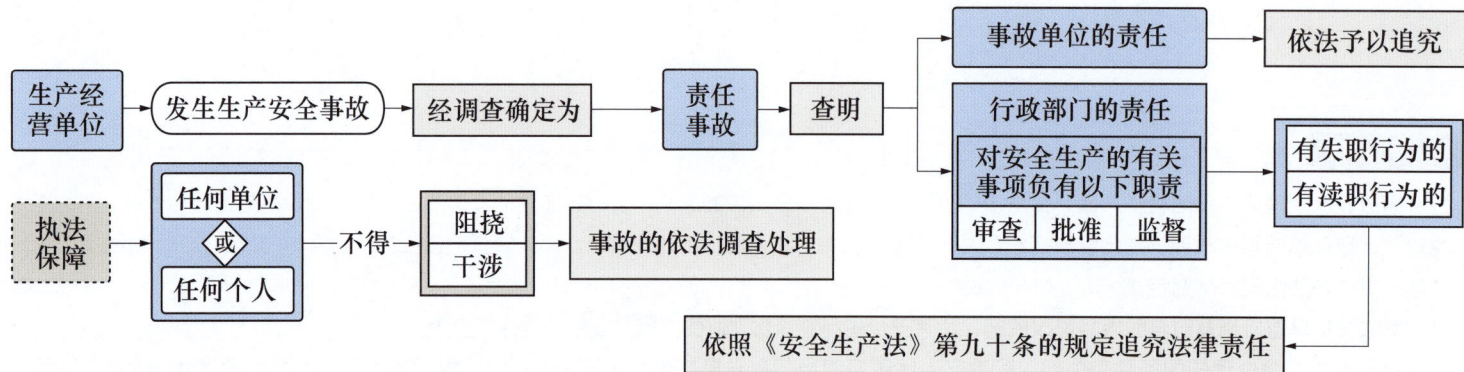

```
                                                              ┌──────────────┐      ┌──────────────┐
                                                              │  事故单位的责任  │─────→│  依法予以追究  │
                                                              └──────────────┘      └──────────────┘
┌────────┐   ╭────────────────╮   ┌──────────┐   ┌──────┐   ┌──────┐   ┌──────────────┐
│ 生产经 │──→│ 发生生产安全事故 │──→│ 经调查确定为 │──→│ 责任 │──→│ 查明 │   │  行政部门的责任  │
│ 营单位 │   ╰────────────────╯   └──────────┘   │ 事故 │   └──────┘   ├──────────────┤      ┌──────────────┐
└────────┘                                       └──────┘            │ 对安全生产的有关 │─────→│  有失职行为的  │
                     ┌──────────┐                                     │ 事项负有以下职责 │      │  有渎职行为的  │
┌┈┈┈┈┈┈┐   │ 任何单位 │                                     ├────┬────┬────┤      └──────────────┘
┊ 执法 ┊──→│    或    │──→ 不得 ──→┌──────┐   ┌──────────────┐ │ 审查 │ 批准 │ 监督 │
┊ 保障 ┊   │ 任何个人 │            │ 阻挠 │   │ 事故的依法调查处理 │ └────┴────┴────┘
└┈┈┈┈┈┈┘   └──────────┘            │ 干涉 │   └──────────────┘
                                    └──────┘
                              ┌──────────────────────────────────────────┐
                              │ 依照《安全生产法》第九十条的规定追究法律责任 │←────────
                              └──────────────────────────────────────────┘
```

第八十七条

　　生产经营单位发生生产安全事故，经调查确定为责任事故的，除了应当查明事故单位的责任并依法予以追究外，还应当查明对安全生产的有关事项负有审查批准和监督职责的行政部门的责任，对有失职、渎职行为的，依照本法第九十条的规定追究法律责任。

第八十八条

　　任何单位和个人不得阻挠和干涉对事故的依法调查处理。

八十二、【事故定期统计分析和定期公布制度】第八十九条

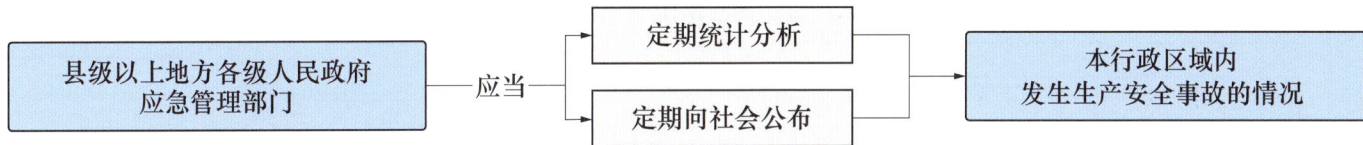

```
┌─────────────────────┐                  ┌──────────────────┐           ┌──────────────────────┐
│  县级以上地方各级人民政府  │──应当──┬──│   定期统计分析    │───┐      │      本行政区域内        │
│     应急管理部门       │         │  └──────────────────┘   ├─────│   发生生产安全事故的情况    │
└─────────────────────┘         └──│   定期向社会公布   │───┘      └──────────────────────┘
                                     └──────────────────┘
```

第八十九条

县级以上地方各级人民政府应急管理部门应当定期统计分析本行政区域内发生生产安全事故的情况，并定期向社会公布。

第六章 法 律 责 任

八十三、【审批监管工作人员违法行为的处罚】第九十条

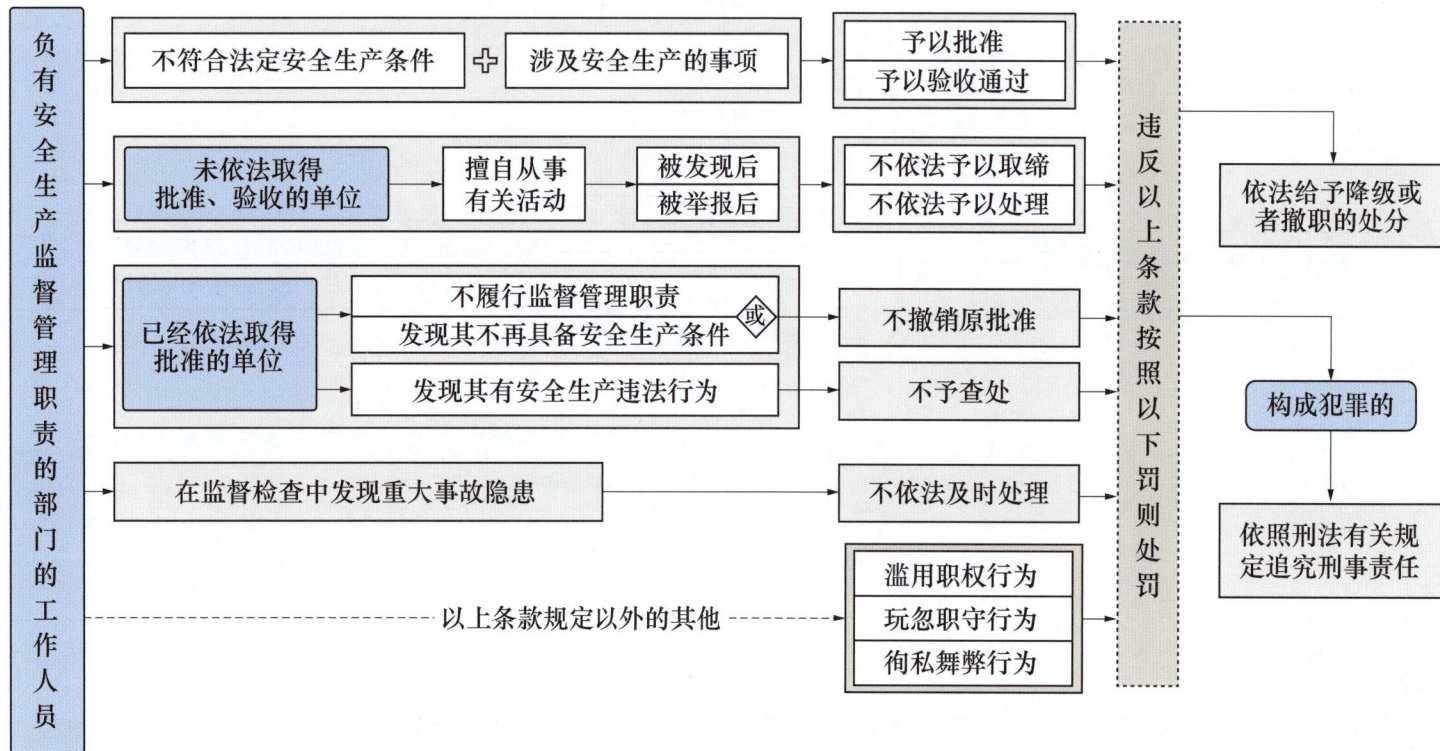

| 负有安全生产监督管理职责的部门的工作人员 | | | | | | |

负有安全生产监督管理职责的部门的工作人员

不符合法定安全生产条件 **+** 涉及安全生产的事项 → 予以批准 / 予以验收通过

未依法取得批准、验收的单位 → 擅自从事有关活动 → 被发现后 / 被举报后 → 不依法予以取缔 / 不依法予以处理

已经依法取得批准的单位 → 不履行监督管理职责 发现其不再具备安全生产条件 〔或〕 / 发现其有安全生产违法行为 → 不撤销原批准 / 不予查处

在监督检查中发现重大事故隐患 → 不依法及时处理

以上条款规定以外的其他 → 滥用职权行为 / 玩忽职守行为 / 徇私舞弊行为

违反以上条款按照以下罚则处罚

依法给予降级或者撤职的处分

构成犯罪的

依照刑法有关规定追究刑事责任

第九十条

　　负有安全生产监督管理职责的部门的工作人员，有下列行为之一的，给予降级或者撤职的处分；构成犯罪的，依照刑法有关规定追究刑事责任：

　　（一）对不符合法定安全生产条件的涉及安全生产的事项予以批准或者验收通过的；

　　（二）发现未依法取得批准、验收的单位擅自从事有关活动或者接到举报后不予取缔或者不依法予以处理的；

　　（三）对已经依法取得批准的单位不履行监督管理职责，发现其不再具备安全生产条件而不撤销原批准或者发现安全生产违法行为不予查处的；

　　（四）在监督检查中发现重大事故隐患，不依法及时处理的。

　　负有安全生产监督管理职责的部门的工作人员有前款规定以外的滥用职权、玩忽职守、徇私舞弊行为的，依法给予处分；构成犯罪的，依照刑法有关规定追究刑事责任。

八十四、【监管部门违纪行为的处罚】第九十一条

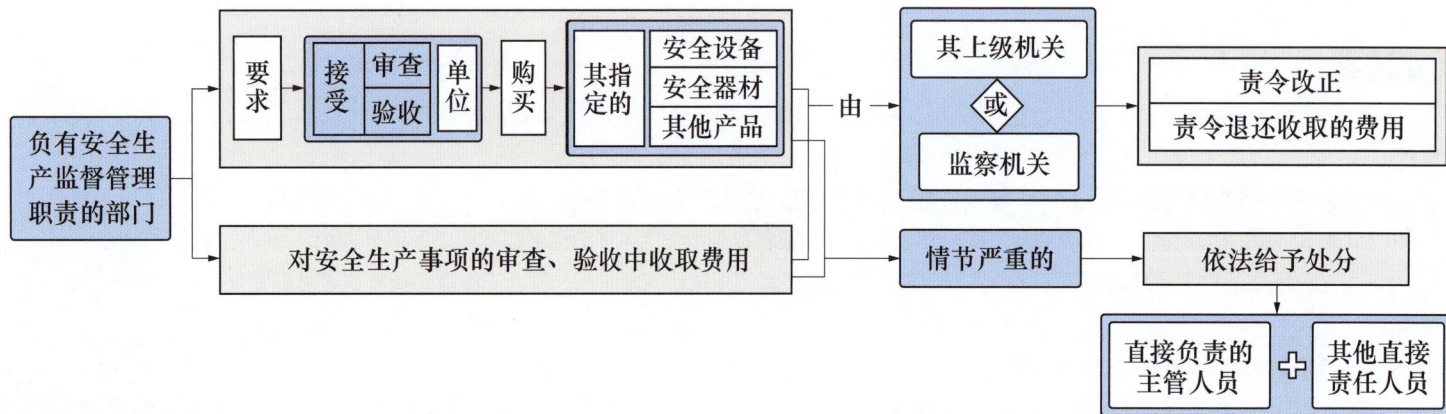

负有安全生产监督管理职责的部门

要求 → 接受 审查 验收 单位 → 购买 → 其指定的 安全设备 安全器材 其他产品 → 由 → 其上级机关 或 监察机关 → 责令改正 责令退还收取的费用

对安全生产事项的审查、验收中收取费用 → 情节严重的 → 依法给予处分

依法给予处分 → 直接负责的主管人员 + 其他直接责任人员

第九十一条

　　负有安全生产监督管理职责的部门，要求被审查、验收的单位购买其指定的安全设备、器材或者其他产品的，在对安全生产事项的审查、验收中收取费用的，由其上级机关或者监察机关责令改正，责令退还收取的费用；情节严重的，对直接负责的主管人员和其他直接责任人员依法给予处分。

八十五、【安全生产服务机构违法行为处罚】第九十二条

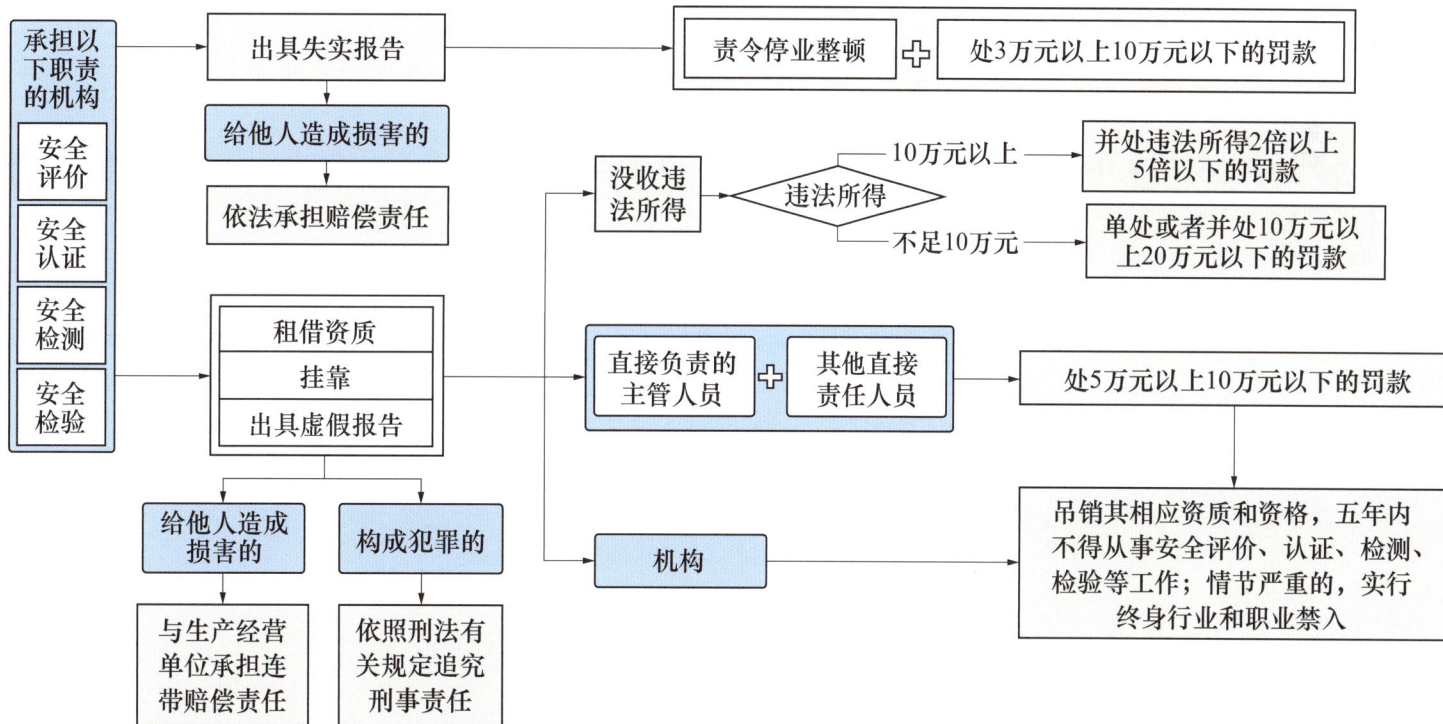

承担以下职责的机构
安全评价
安全认证
安全检测
安全检验

出具失实报告 → 责令停业整顿 ＋ 处3万元以上10万元以下的罚款

给他人造成损害的 → 依法承担赔偿责任

租借资质 / 挂靠 / 出具虚假报告

给他人造成损害的 → 与生产经营单位承担连带赔偿责任

构成犯罪的 → 依照刑法有关规定追究刑事责任

没收违法所得 → 违法所得
- 10万元以上 → 并处违法所得2倍以上5倍以下的罚款
- 不足10万元 → 单处或者并处10万元以上20万元以下的罚款

直接负责的主管人员 ＋ 其他直接责任人员 → 处5万元以上10万元以下的罚款

机构 → 吊销其相应资质和资格，五年内不得从事安全评价、认证、检测、检验等工作；情节严重的，实行终身行业和职业禁入

第九十二条

　　承担安全评价、认证、检测、检验职责的机构出具失实报告的，责令停业整顿，并处三万元以上十万元以下的罚款；给他人造成损害的，依法承担赔偿责任。

　　承担安全评价、认证、检测、检验职责的机构租借资质、挂靠、出具虚假报告的，没收违法所得；违法所得在十万元以上的，并处违法所得二倍以上五倍以下的罚款，没有违法所得或者违法所得不足十万元的，单处或者并处十万元以上二十万元以下的罚款；对其直接负责的主管人员和其他直接责任人员处五万元以上十万元以下的罚款；给他人造成损害的，与生产经营单位承担连带赔偿责任；构成犯罪的，依照刑法有关规定追究刑事责任。

　　对有前款违法行为的机构及其直接责任人员，吊销其相应资质和资格，五年内不得从事安全评价、认证、检测、检验等工作；情节严重的，实行终身行业和职业禁入。

八十六、【资金投入不足的法律追责】第九十三条

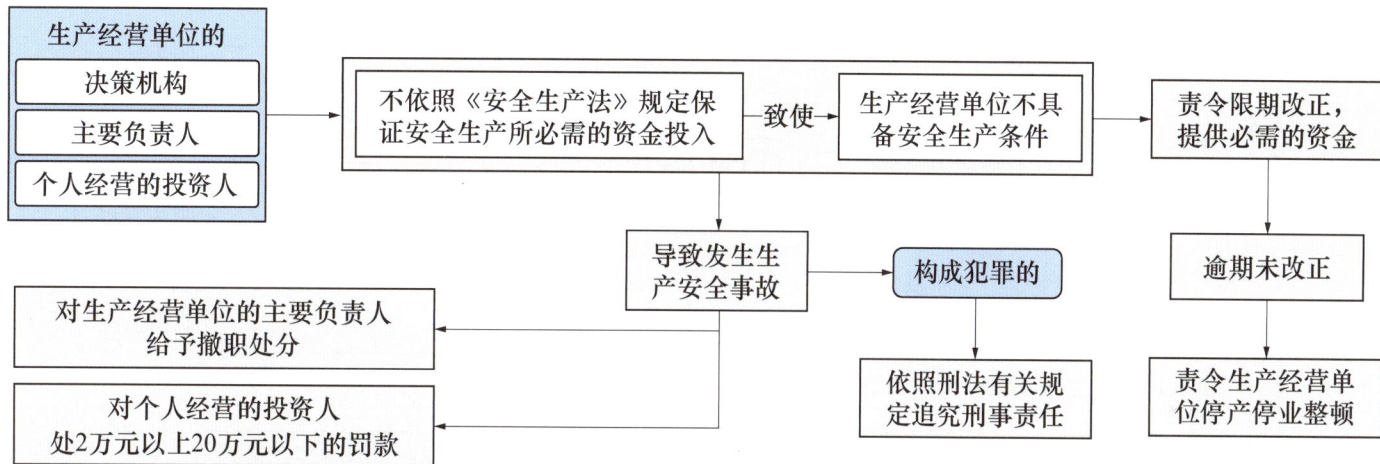

```
┌─────────────────┐
│ 生产经营单位的    │
├─────────────────┤
│ 决策机构         │
├─────────────────┤
│ 主要负责人       │
├─────────────────┤
│ 个人经营的投资人  │
└─────────────────┘
```

不依照《安全生产法》规定保证安全生产所必需的资金投入 —致使→ 生产经营单位不具备安全生产条件 → 责令限期改正，提供必需的资金

导致发生生产安全事故 → 构成犯罪的 → 依照刑法有关规定追究刑事责任

逾期未改正 → 责令生产经营单位停产停业整顿

对生产经营单位的主要负责人给予撤职处分

对个人经营的投资人处2万元以上20万元以下的罚款

第九十三条

　　生产经营单位的决策机构、主要负责人或者个人经营的投资人不依照本法规定保证安全生产所必需的资金投入，致使生产经营单位不具备安全生产条件的，责令限期改正，提供必需的资金；逾期未改正的，责令生产经营单位停产停业整顿。

　　有前款违法行为，导致发生生产安全事故的，对生产经营单位的主要负责人给予撤职处分，对个人经营的投资人处二万元以上二十万元以下的罚款；构成犯罪的，依照刑法有关规定追究刑事责任。

八十七、【主要负责人未履行法定责任的处罚】第九十四条

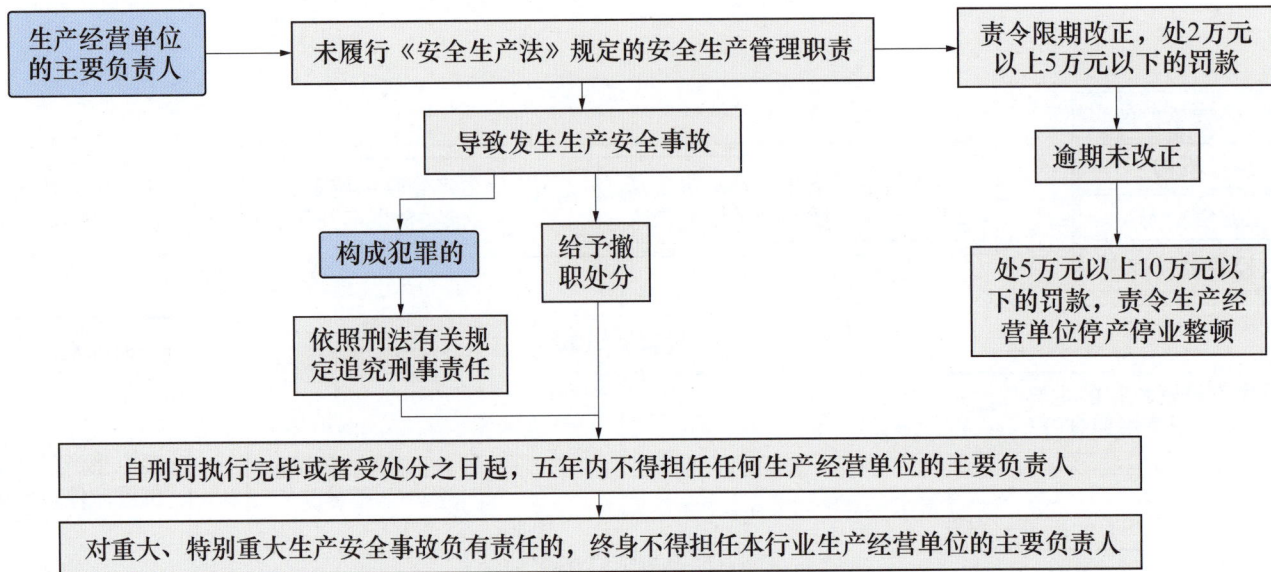

```
┌──────────────┐     ┌──────────────────────────────┐     ┌──────────────────┐
│生产经营单位   │────▶│未履行《安全生产法》规定的安全生产管理职责│────▶│责令限期改正，处2万元│
│的主要负责人   │     └──────────────────────────────┘     │以上5万元以下的罚款 │
└──────────────┘                    │                      └──────────────────┘
                                     ▼                               │
                          ┌──────────────────┐              ┌──────────────┐
                          │导致发生生产安全事故 │              │逾期未改正     │
                          └──────────────────┘              └──────────────┘
                              │         │                           │
                              ▼         ▼                           ▼
                   ┌──────────┐ ┌──────────┐            ┌──────────────────┐
                   │构成犯罪的 │ │给予撤     │            │处5万元以上10万元以 │
                   │          │ │职处分     │            │下的罚款，责令生产经 │
                   └──────────┘ └──────────┘            │营单位停产停业整顿   │
                       │                                └──────────────────┘
                       ▼
            ┌──────────────────┐
            │依照刑法有关规     │
            │定追究刑事责任     │
            └──────────────────┘
```

┌──┐
│自刑罚执行完毕或者受处分之日起，五年内不得担任任何生产经营单位的主要负责人 │
└──┘

┌──┐
│对重大、特别重大生产安全事故负有责任的，终身不得担任本行业生产经营单位的主要负责人│
└──┘

第九十四条

　　生产经营单位的主要负责人未履行本法规定的安全生产管理职责的，责令限期改正，处二万元以上五万元以下的罚款；逾期未改正的，处五万元以上十万元以下的罚款，责令生产经营单位停产停业整顿。

　　生产经营单位的主要负责人有前款违法行为，导致发生生产安全事故的，给予撤职处分；构成犯罪的，依照刑法有关规定追究刑事责任。

　　生产经营单位的主要负责人依照前款规定受刑事处罚或者撤职处分的，自刑罚执行完毕或者受处分之日起，五年内不得担任任何生产经营单位的主要负责人；对重大、特别重大生产安全事故负有责任的，终身不得担任本行业生产经营单位的主要负责人。

八十八、【按事故等级对主要负责人的罚款】第九十五条

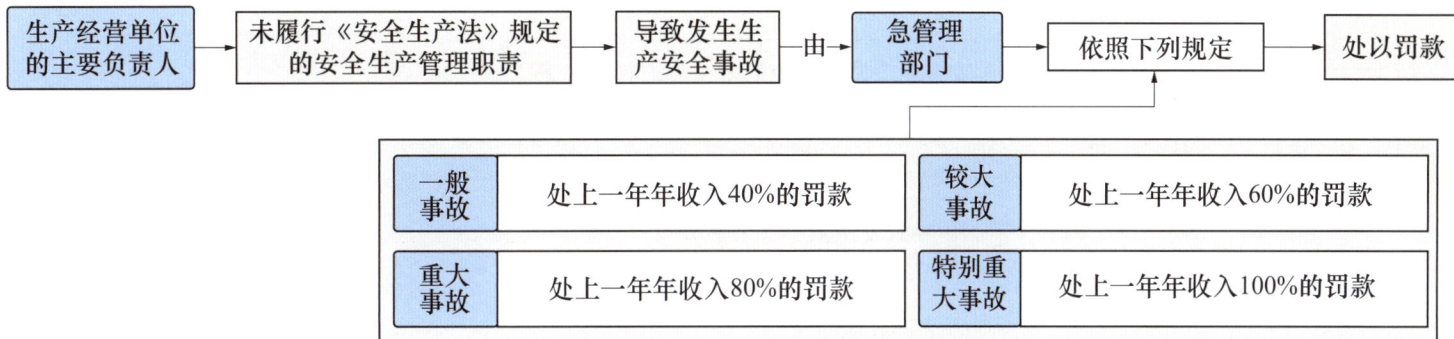

```
┌──────────┐   ┌──────────────┐   ┌────────┐     ┌────────┐   ┌──────────┐   ┌────────┐
│生产经营单位│ → │未履行《安全生产法》规定│ → │导致发生生│ —由→ │急管理 │ → │依照下列规定│ → │处以罚款│
│的主要负责人│   │的安全生产管理职责│   │产安全事故│     │部门  │   └──────────┘   └────────┘
└──────────┘   └──────────────┘   └────────┘     └────────┘
```

一般事故	处上一年年收入40%的罚款	较大事故	处上一年年收入60%的罚款
重大事故	处上一年年收入80%的罚款	特别重大事故	处上一年年收入100%的罚款

第九十五条

　　生产经营单位的主要负责人未履行本法规定的安全生产管理职责，导致发生生产安全事故的，由应急管理部门依照下列规定处以罚款：

　　（一）发生一般事故的，处上一年年收入百分之四十的罚款；

　　（二）发生较大事故的，处上一年年收入百分之六十的罚款；

　　（三）发生重大事故的，处上一年年收入百分之八十的罚款；

　　（四）发生特别重大事故的，处上一年年收入百分之一百的罚款。

八十九、【其他负责人和安全生产管理人员未履行法定责任的处罚】第九十六条

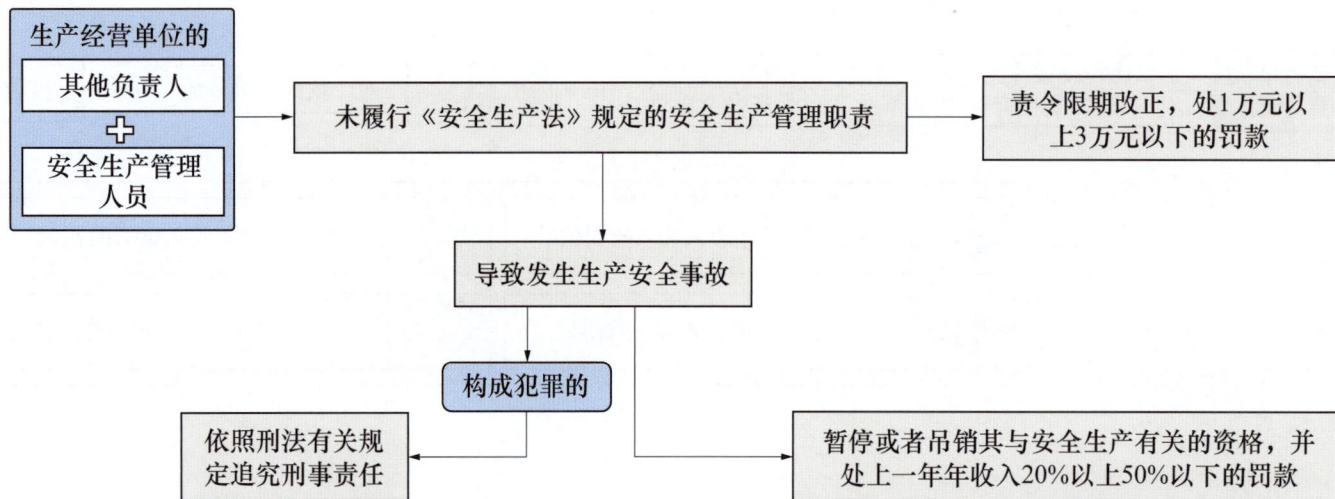

```
┌─────────────────┐
│  生产经营单位的  │
│ ┌─────────────┐ │        ┌──────────────────────────┐        ┌──────────────────┐
│ │  其他负责人  │ │───────▶│ 未履行《安全生产法》规定的  │───────▶│ 责令限期改正，处1万元以 │
│ ├──────┼──────┤ │        │   安全生产管理职责        │        │ 上3万元以下的罚款       │
│ │      +      │ │        └──────────────────────────┘        └──────────────────┘
│ ├─────────────┤ │                      │
│ │  安全生产管理 │ │                      ▼
│ │    人员      │ │        ┌──────────────────────────┐
│ └─────────────┘ │        │     导致发生生产安全事故    │
└─────────────────┘        └──────────────────────────┘
                                        │
                                        ▼
                            ┌──────────────────┐
                            │     构成犯罪的     │
                            └──────────────────┘
        ┌──────────────┐                              ┌──────────────────────────────┐
        │ 依照刑法有关规 │◀─────────────────┐         │ 暂停或者吊销其与安全生产有关的资格，并 │
        │ 定追究刑事责任 │                   └─────────│ 处上一年年收入20%以上50%以下的罚款    │
        └──────────────┘                              └──────────────────────────────┘
```

第九十六条

生产经营单位的其他负责人和安全生产管理人员未履行本法规定的安全生产管理职责的，责令限期改正，处一万元以上三万元以下的罚款；导致发生生产安全事故的，暂停或者吊销其与安全生产有关的资格，并处上一年年收入百分之二十以上百分之五十以下的罚款；构成犯罪的，依照刑法有关规定追究刑事责任。

九十、【未履行告知、教育和培训义务的处罚】第九十七条

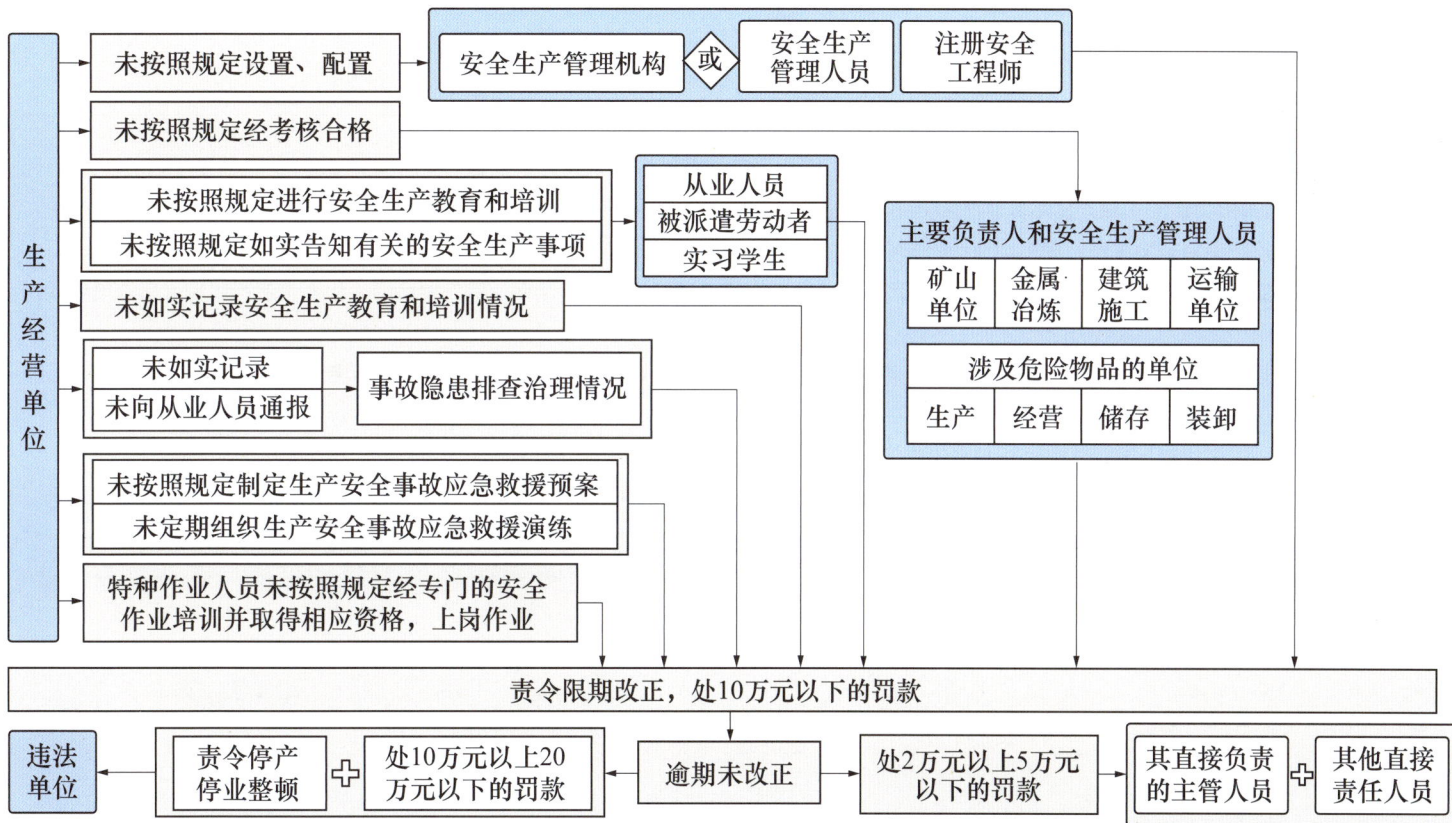

```
生产经营单位 ──→ 未按照规定设置、配置 ──→ 安全生产管理机构 或 安全生产管理人员 注册安全工程师

            ──→ 未按照规定经考核合格

            ──→ 未按照规定进行安全生产教育和培训
                未按照规定如实告知有关的安全生产事项 ──→ 从业人员 被派遣劳动者 实习学生

            ──→ 未如实记录安全生产教育和培训情况
```

主要负责人和安全生产管理人员			
矿山单位	金属冶炼	建筑施工	运输单位
涉及危险物品的单位			
生产	经营	储存	装卸

```
            ──→ 未如实记录 未向从业人员通报 ──→ 事故隐患排查治理情况

            ──→ 未按照规定制定生产安全事故应急救援预案
                未定期组织生产安全事故应急救援演练

            ──→ 特种作业人员未按照规定经专门的安全
                作业培训并取得相应资格，上岗作业
```

责令限期改正，处10万元以下的罚款

违法单位 ←── 责令停产停业整顿 ✚ 处10万元以上20万元以下的罚款 ←── 逾期未改正 ──→ 处2万元以上5万元以下的罚款 ──→ 其直接负责的主管人员 ✚ 其他直接责任人员

第九十七条

　　生产经营单位有下列行为之一的，责令限期改正，处十万元以下的罚款；逾期未改正的，责令停产停业整顿，并处十万元以上二十万元以下的罚款，对其直接负责的主管人员和其他直接责任人员处二万元以上五万元以下的罚款：

　　（一）未按照规定设置安全生产管理机构或者配备安全生产管理人员、注册安全工程师的；

　　（二）危险物品的生产、经营、储存、装卸单位以及矿山、金属冶炼、建筑施工、运输单位的主要负责人和安全生产管理人员未按照规定经考核合格的；

　　（三）未按照规定对从业人员、被派遣劳动者、实习学生进行安全生产教育和培训，或者未按照规定如实告知有关的安全生产事项的；

　　（四）未如实记录安全生产教育和培训情况的；

　　（五）未将事故隐患排查治理情况如实记录或者未向从业人员通报的；

　　（六）未按照规定制定生产安全事故应急救援预案或者未定期组织演练的；

　　（七）特种作业人员未按照规定经专门的安全作业培训并取得相应资格，上岗作业的。

九十一、【建设项目违反法定程序的处罚】第九十八条

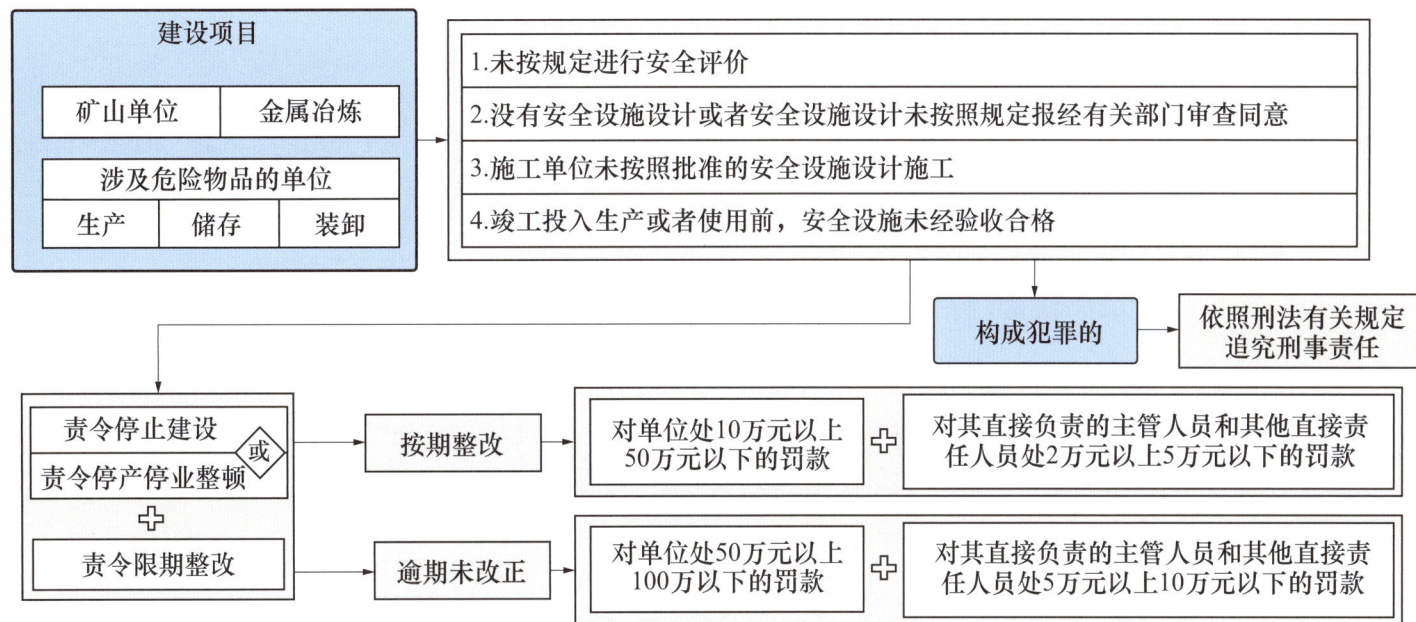

建设项目		1.未按规定进行安全评价
矿山单位	金属冶炼	2.没有安全设施设计或者安全设施设计未按照规定报经有关部门审查同意
涉及危险物品的单位		3.施工单位未按照批准的安全设施设计施工
生产 储存 装卸		4.竣工投入生产或者使用前，安全设施未经验收合格

构成犯罪的 → 依照刑法有关规定追究刑事责任

责令停止建设 或 责令停产停业整顿 ✛ 责令限期整改	→ 按期整改	对单位处10万元以上50万元以下的罚款 ✛	对其直接负责的主管人员和其他直接责任人员处2万元以上5万元以下的罚款
	→ 逾期未改正	对单位处50万元以上100万元以下的罚款 ✛	对其直接负责的主管人员和其他直接责任人员处5万元以上10万元以下的罚款

第九十八条

生产经营单位有下列行为之一的，责令停止建设或者停产停业整顿，限期改正，并处十万元以上五十万元以下的罚款，对其直接负责的主管人员和其他直接责任人员处二万元以上五万元以下的罚款；逾期未改正的，处五十万元以上一百万元以下的罚款，对其直接负责的主管人员和其他直接责任人员处五万元以上十万元以下的罚款；构成犯罪的，依照刑法有关规定追究刑事责任：

（一）未按照规定对矿山、金属冶炼建设项目或者用于生产、储存、装卸危险物品的建设项目进行安全评价的；

（二）矿山、金属冶炼建设项目或者用于生产、储存、装卸危险物品的建设项目没有安全设施设计或者安全设施设计未按照规定报经有关部门审查同意的；

（三）矿山、金属冶炼建设项目或者用于生产、储存、装卸危险物品的建设项目的施工单位未按照批准的安全设施设计施工的；

（四）矿山、金属冶炼建设项目或者用于生产、储存、装卸危险物品的建设项目竣工投入生产或者使用前，安全设施未经验收合格的。

九十二、【安全设备、特种设备、生产工艺未执行国家强制标准的处罚】第九十九条

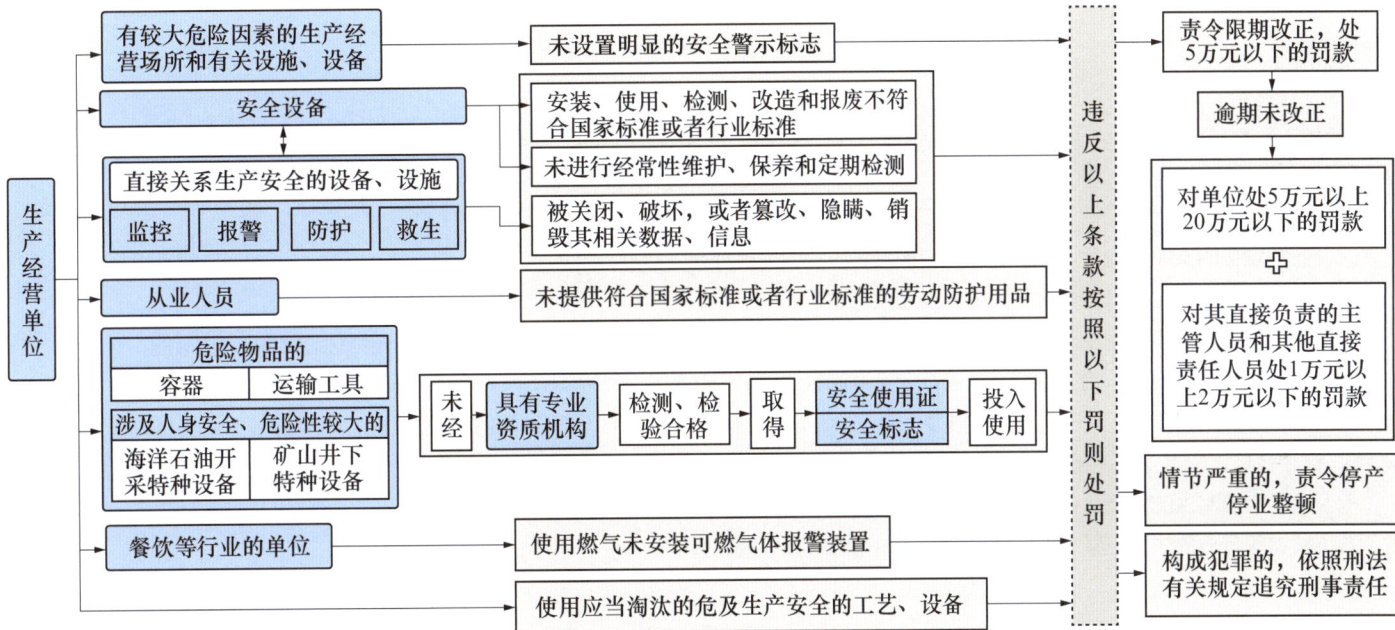

生产经营单位

有较大危险因素的生产经营场所和有关设施、设备 → 未设置明显的安全警示标志

安全设备

直接关系生产安全的设备、设施
监控 | 报警 | 防护 | 救生
→ 安装、使用、检测、改造和报废不符合国家标准或者行业标准
→ 未进行经常性维护、保养和定期检测
→ 被关闭、破坏，或者篡改、隐瞒、销毁其相关数据、信息

从业人员 → 未提供符合国家标准或者行业标准的劳动防护用品

危险物品的
容器 | 运输工具
涉及人身安全、危险性较大的
海洋石油开采特种设备 | 矿山井下特种设备

未经 → 具有专业资质机构 → 检测、检验合格 → 取得 → 安全使用证安全标志 → 投入使用

餐饮等行业的单位 → 使用燃气未安装可燃气体报警装置

使用应当淘汰的危及生产安全的工艺、设备

违反以上条款按照以下罚则处罚

责令限期改正，处5万元以下的罚款

逾期未改正

对单位处5万元以上20万元以下的罚款
＋
对其直接负责的主管人员和其他直接责任人员处1万元以上2万元以下的罚款

情节严重的，责令停产停业整顿

构成犯罪的，依照刑法有关规定追究刑事责任

第九十九条

生产经营单位有下列行为之一的，责令限期改正，处五万元以下的罚款；逾期未改正的，处五万元以上二十万元以下的罚款，对其直接负责的主管人员和其他直接责任人员处一万元以上二万元以下的罚款；情节严重的，责令停产停业整顿；构成犯罪的，依照刑法有关规定追究刑事责任：

（一）未在有较大危险因素的生产经营场所和有关设施、设备上设置明显的安全警示标志的；

（二）安全设备的安装、使用、检测、改造和报废不符合国家标准或者行业标准的；

（三）未对安全设备进行经常性维护、保养和定期检测的；

（四）关闭、破坏直接关系生产安全的监控、报警、防护、救生设备、设施，或者篡改、隐瞒、销毁其相关数据、信息的；

（五）未为从业人员提供符合国家标准或者行业标准的劳动防护用品的；

（六）危险物品的容器、运输工具，以及涉及人身安全、危险性较大的海洋石油开采特种设备和矿山井下特种设备未经具有专业资质的机构检测、检验合格，取得安全使用证或者安全标志，投入使用的；

（七）使用应当淘汰的危及生产安全的工艺、设备的；

（八）餐饮等行业的生产经营单位使用燃气未安装可燃气体报警装置的。

九十三、【涉及危险物品未获得审批的处罚】第一百条

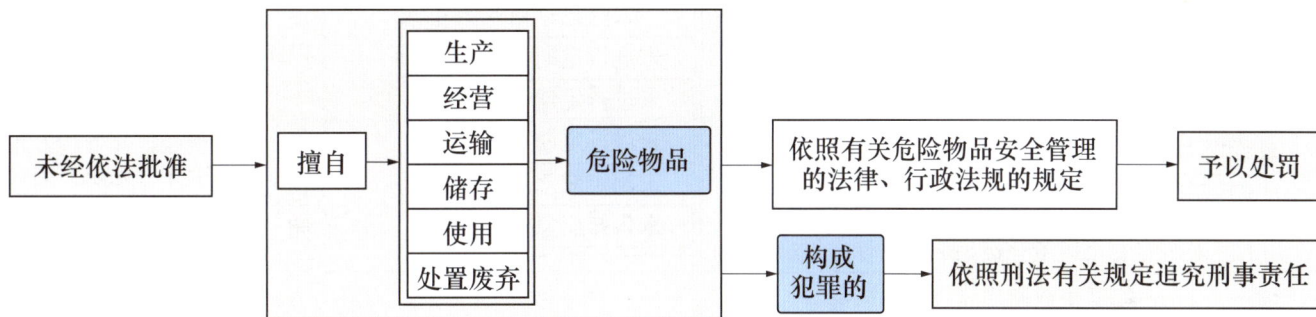

```
┌─────────────┐   ┌──────┐   ┌──────┐
│             │   │ 生产 │   │      │
│             │   ├──────┤   │      │
│             │   │ 经营 │   │      │
│             │   ├──────┤   │      │      ┌────────────────┐      ┌──────────┐
│ 未经依法批准 │→ │擅自│ │ 运输 │ → │危险物品│ → │依照有关危险物品安全管理│ → │ 予以处罚 │
│             │   ├──────┤   │      │      │的法律、行政法规的规定│      └──────────┘
│             │   │ 储存 │   │      │
│             │   ├──────┤   │      │      ┌────┐   ┌──────────────────────┐
│             │   │ 使用 │   │      │  →  │构成│ → │依照刑法有关规定追究刑事责任│
│             │   ├──────┤   │      │      │犯罪的│   └──────────────────────┘
│             │   │处置废弃│   │      │
└─────────────┘   └──────┘   └──────┘
```

第一百条

　　未经依法批准，擅自生产、经营、运输、储存、使用危险物品或者处置废弃危险物品的，依照有关危险物品安全管理的法律、行政法规的规定予以处罚；构成犯罪的，依照刑法有关规定追究刑事责任。

九十四、【风险管控存在失职行为的处罚】第一百零一条

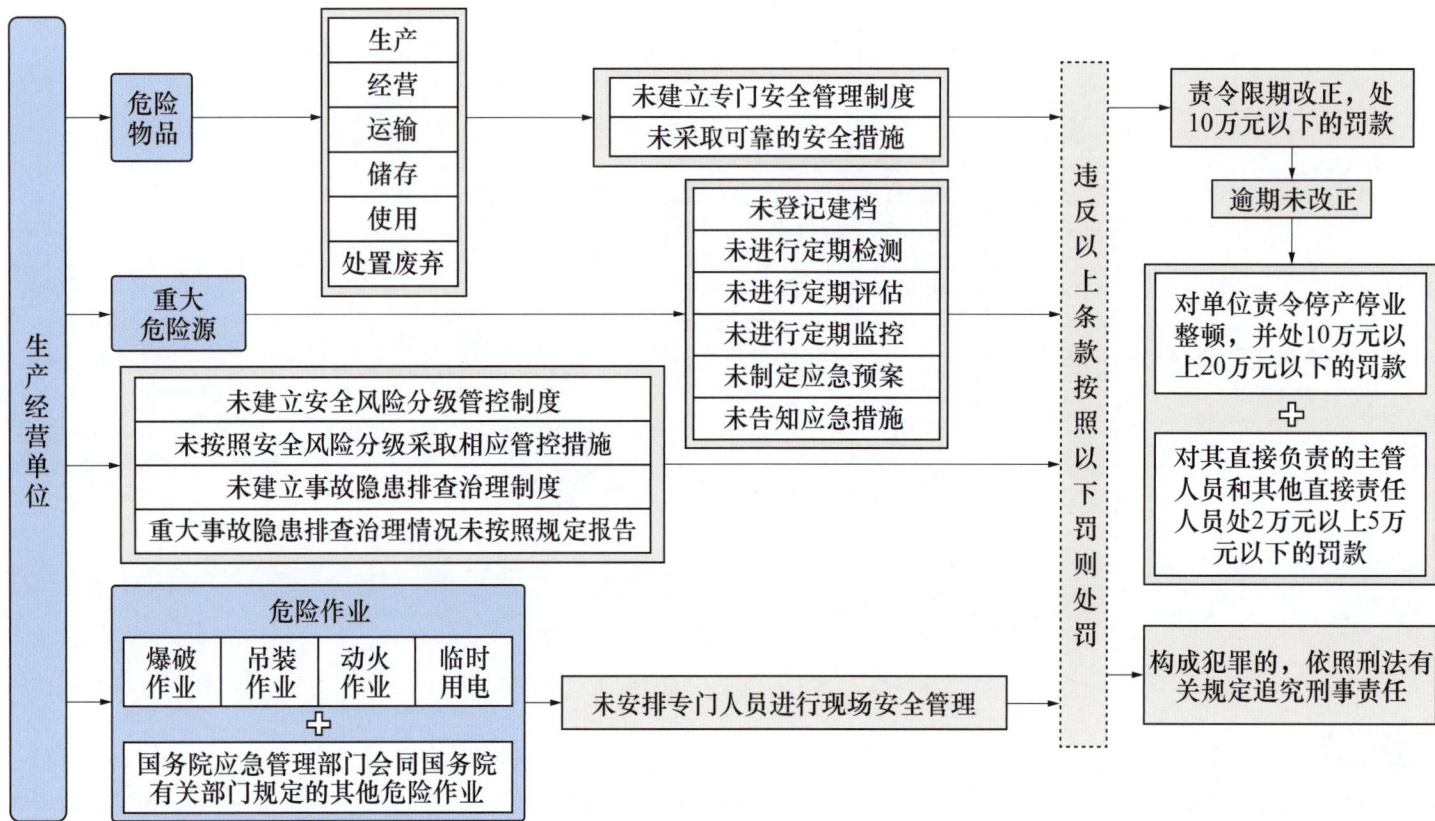

生产经营单位

危险物品 → 生产 / 经营 / 运输 / 储存 / 使用 / 处置废弃

重大危险源

- 未建立专门安全管理制度
- 未采取可靠的安全措施

- 未登记建档
- 未进行定期检测
- 未进行定期评估
- 未进行定期监控
- 未制定应急预案
- 未告知应急措施

- 未建立安全风险分级管控制度
- 未按照安全风险分级采取相应管控措施
- 未建立事故隐患排查治理制度
- 重大事故隐患排查治理情况未按照规定报告

危险作业

爆破作业	吊装作业	动火作业	临时用电

＋

国务院应急管理部门会同国务院有关部门规定的其他危险作业

未安排专门人员进行现场安全管理

违反以上条款按照以下罚则处罚

责令限期改正，处10万元以下的罚款

↓

逾期未改正

↓

对单位责令停产停业整顿，并处10万元以上20万元以下的罚款

＋

对其直接负责的主管人员和其他直接责任人员处2万元以上5万元以下的罚款

构成犯罪的，依照刑法有关规定追究刑事责任

第一百零一条

生产经营单位有下列行为之一的，责令限期改正，处十万元以下的罚款；逾期未改正的，责令停产停业整顿，并处十万元以上二十万元以下的罚款，对其直接负责的主管人员和其他直接责任人员处二万元以上五万元以下的罚款；构成犯罪的，依照刑法有关规定追究刑事责任：

（一）生产、经营、运输、储存、使用危险物品或者处置废弃危险物品，未建立专门安全管理制度、未采取可靠的安全措施的；

（二）对重大危险源未登记建档，未进行定期检测、评估、监控，未制定应急预案，或者未告知应急措施的；

（三）进行爆破、吊装、动火、临时用电以及国务院应急管理部门会同国务院有关部门规定的其他危险作业，未安排专门人员进行现场安全管理的；

（四）未建立安全风险分级管控制度或者未按照安全风险分级采取相应管控措施的；

（五）未建立事故隐患排查治理制度，或者重大事故隐患排查治理情况未按照规定报告的。

九十五、【隐患治理存在失职行为的处罚】第一百零二条

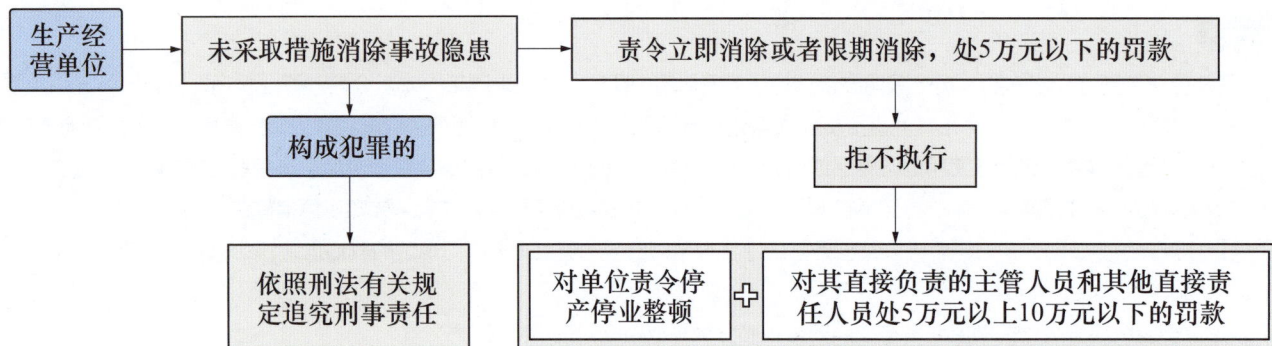

```
┌─────────┐      ┌──────────────────┐      ┌────────────────────────────────┐
│ 生产经  │─────▶│ 未采取措施消除事故隐患 │─────▶│ 责令立即消除或者限期消除，处5万元以下的罚款 │
│ 营单位  │      └──────────────────┘      └────────────────────────────────┘
└─────────┘               │                                    │
                          ▼                                    ▼
                   ┌──────────┐                          ┌──────────┐
                   │ 构成犯罪的 │                          │ 拒不执行 │
                   └──────────┘                          └──────────┘
                          │                                    │
                          ▼                                    ▼
              ┌──────────────────┐      ┌──────────────┐   ┌────────────────────────────────┐
              │ 依照刑法有关规定   │      │ 对单位责令停  │ ＋ │ 对其直接负责的主管人员和其他直接责   │
              │ 定追究刑事责任     │      │ 产停业整顿    │   │ 任人员处5万元以上10万元以下的罚款    │
              └──────────────────┘      └──────────────┘   └────────────────────────────────┘
```

第一百零二条

　　生产经营单位未采取措施消除事故隐患的，责令立即消除或者限期消除，处五万元以下的罚款；生产经营单位拒不执行的，责令停产停业整顿，对其直接负责的主管人员和其他直接责任人员处五万元以上十万元以下的罚款；构成犯罪的，依照刑法有关规定追究刑事责任。

九十六、【签订发包、出租合同未履行法定责任的处罚】第一百零三条（第一款、第二款）

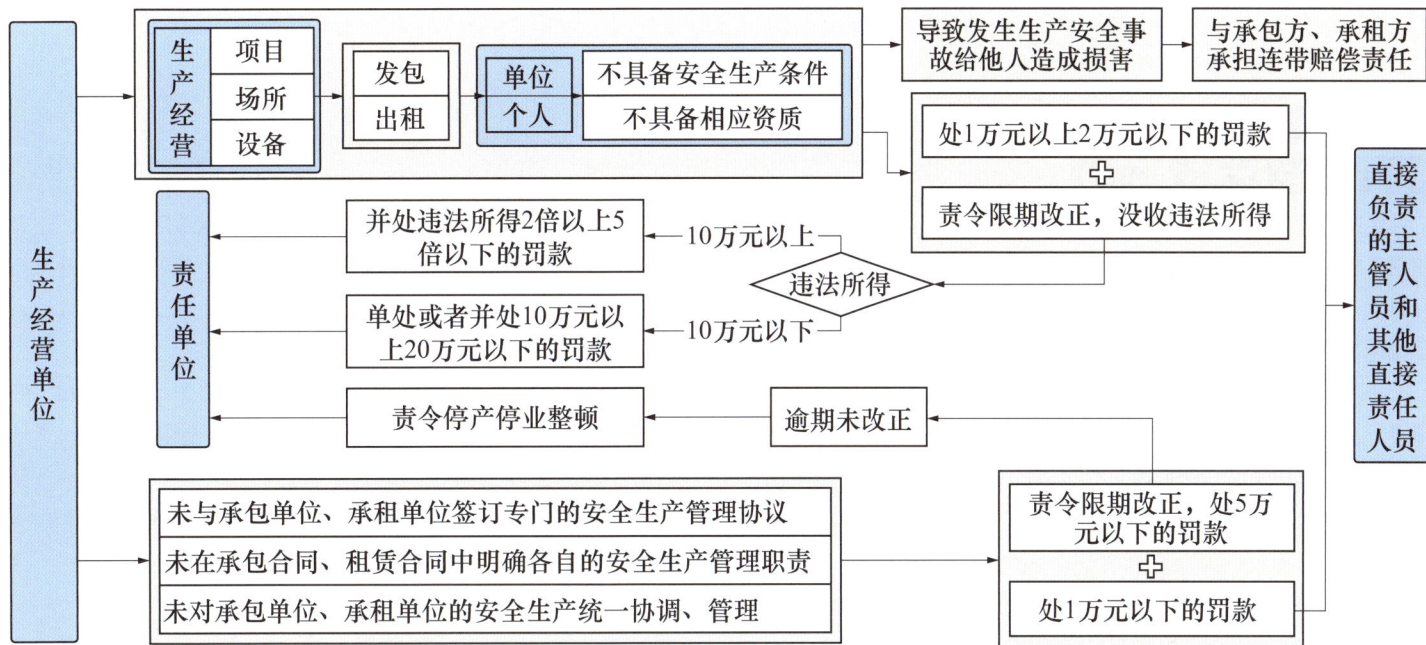

```
生产经营单位
  └→ 生产经营 [项目/场所/设备] → 发包/出租 → 单位/个人 [不具备安全生产条件/不具备相应资质]
        → 导致发生生产安全事故给他人造成损害 → 与承包方、承租方承担连带赔偿责任
        → 处1万元以上2万元以下的罚款 ＋ 责令限期改正，没收违法所得

责任单位：
  并处违法所得2倍以上5倍以下的罚款 ← 10万元以上 ← 违法所得
  单处或者并处10万元以上20万元以下的罚款 ← 10万元以下
  责令停产停业整顿 ← 逾期未改正

  未与承包单位、承租单位签订专门的安全生产管理协议
  未在承包合同、租赁合同中明确各自的安全生产管理职责
  未对承包单位、承租单位的安全生产统一协调、管理
  → 责令限期改正，处5万元以下的罚款 ＋ 处1万元以下的罚款

直接负责的主管人员和其他直接责任人员
```

第一百零三条（第一款、第二款）

生产经营单位将生产经营项目、场所、设备发包或者出租给不具备安全生产条件或者相应资质的单位或者个人的，责令限期改正，没收违法所得；违法所得十万元以上的，并处违法所得二倍以上五倍以下的罚款；没有违法所得或者违法所得不足十万元的，单处或者并处十万元以上二十万元以下的罚款；对其直接负责的主管人员和其他直接责任人员处一万元以上二万元以下的罚款；导致发生生产安全事故给他人造成损害的，与承包方、承租方承担连带赔偿责任。

生产经营单位未与承包单位、承租单位签订专门的安全生产管理协议或者未在承包合同、租赁合同中明确各自的安全生产管理职责，或者未对承包单位、承租单位的安全生产统一协调、管理的，责令限期改正，处五万元以下的罚款，对其直接负责的主管人员和其他直接责任人员处一万元以下的罚款；逾期未改正的，责令停产停业整顿。

九十七、【建设项目施工单位的违法行为处罚】第一百零三条（第三款）

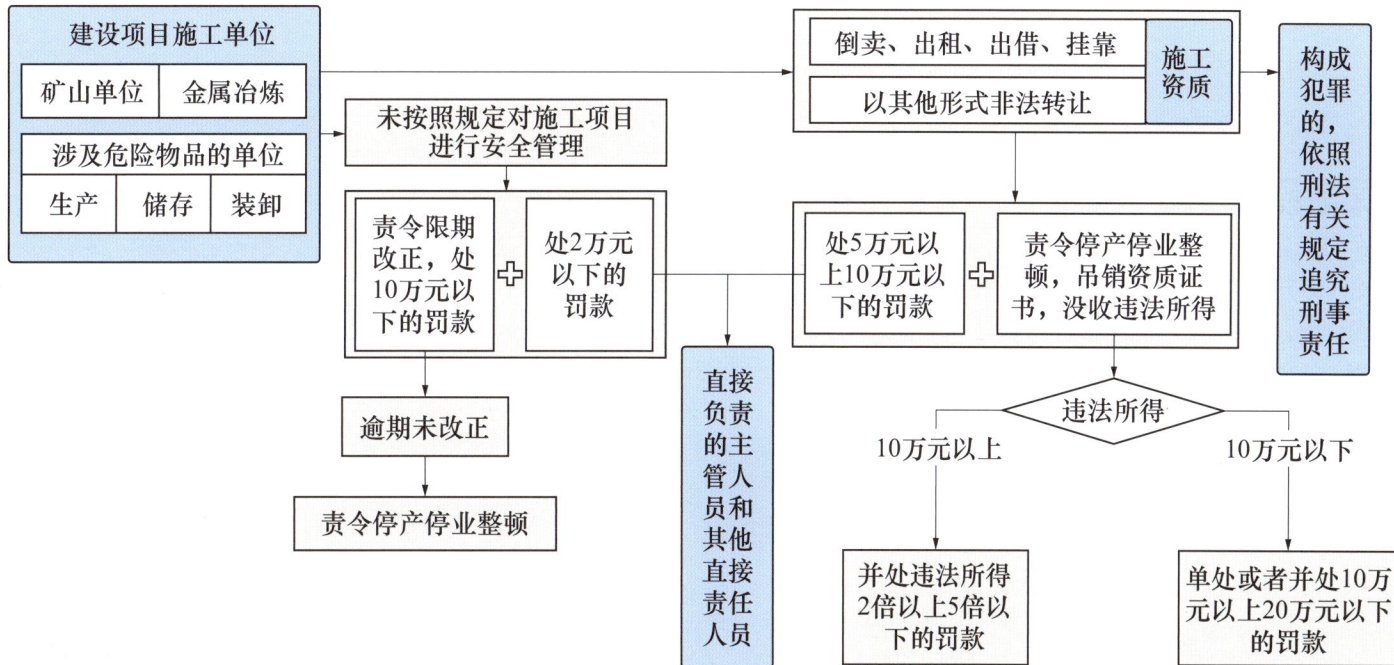

```
┌─────────────────────────┐                                    ┌──────────────────────────┬──────┐   ┌────────┐
│      建设项目施工单位       │                                    │  倒卖、出租、出借、挂靠      │ 施工 │   │ 构      │
├────────────┬────────────┤                                    ├──────────────────────────┤ 资质 │   │ 成      │
│  矿山单位    │  金属冶炼    │ ──────────────────────────────→  │    以其他形式非法转让        │      │   │ 犯      │
├────────────┴────────────┤                                    └──────────────────────────┴──────┘   │ 罪      │
│    涉及危险物品的单位       │          ┌─────────────────┐                                            │ 的      │
├────────┬────────┬───────┤          │ 未按照规定对施工项目 │                                            │ ，      │
│  生产   │  储存   │ 装卸   │          │   进行安全管理     │                                            │ 依      │
└────────┴────────┴───────┘          └─────────────────┘                                            │ 照      │
                                               │                                                      │ 刑      │
                                               ↓                                                      │ 法      │
                            ┌──────────┬──────────┐         ┌──────────┬──────────────┐              │ 有      │
                            │ 责令限期   │ 处2万元   │         │ 处5万元以 │  责令停产停业整   │              │ 关      │
                            │ 改正，处   │ 以下的    │         │ 上10万元  │  顿，吊销资质证   │              │ 规      │
                            │ 10万元以  │  罚款    │         │ 以下的罚款 │  书，没收违法所得  │              │ 定      │
                            │ 下的罚款   │          │         │          │                │              │ 追      │
                            └──────────┴──────────┘         └──────────┴──────────────┘              │ 究      │
                                  │                                        │                          │ 刑      │
                                  ↓                                        ↓                          │ 事      │
                            ┌──────────┐          ┌────┐        ◇ 违法所得 ◇                         │ 责      │
                            │ 逾期未改正  │          │ 直 │      ┌────┴────┐                        │ 任      │
                            └──────────┘          │ 接 │  10万元以上        10万元以下                └────────┘
                                  │               │ 负 │      ↓              ↓
                                  ↓               │ 责 │  ┌──────────┐  ┌──────────────┐
                            ┌──────────────┐       │ 的 │  │ 并处违法所得 │  │ 单处或者并处10万 │
                            │ 责令停产停业整顿 │       │ 主 │  │ 2倍以上5倍以 │  │ 元以上20万元以下 │
                            └──────────────┘       │ 管 │  │ 下的罚款    │  │  的罚款        │
                                                   │ 人 │  └──────────┘  └──────────────┘
                                                   │ 员 │
                                                   │ 和 │
                                                   │ 其 │
                                                   │ 他 │
                                                   │ 直 │
                                                   │ 接 │
                                                   │ 责 │
                                                   │ 任 │
                                                   │ 人 │
                                                   │ 员 │
                                                   └────┘
```

第一百零三条（第三款）

　　矿山、金属冶炼建设项目和用于生产、储存、装卸危险物品的建设项目的施工单位未按照规定对施工项目进行安全管理的，责令限期改正，处十万元以下的罚款，对其直接负责的主管人员和其他直接责任人员处二万元以下的罚款；逾期未改正的，责令停产停业整顿。以上施工单位倒卖、出租、出借、挂靠或者以其他形式非法转让施工资质的，责令停产停业整顿，吊销资质证书，没收违法所得；违法所得十万元以上的，并处违法所得二倍以上五倍以下的罚款，没有违法所得或者违法所得不足十万元的，单处或者并处十万元以上二十万元以下的罚款；对其直接负责的主管人员和其他直接责任人员处五万元以上十万元以下的罚款；构成犯罪的，依照刑法有关规定追究刑事责任。

九十八、【交叉作业区未履行法律责任的处罚】第一百零四条

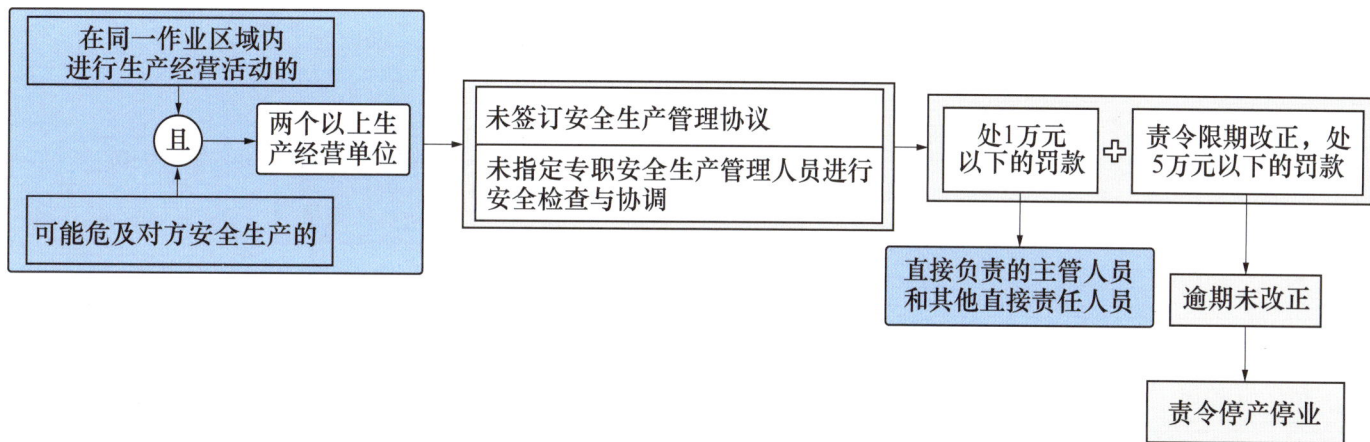

在同一作业区域内
进行生产经营活动的

且 → 两个以上生产经营单位

可能危及对方安全生产的

未签订安全生产管理协议

未指定专职安全生产管理人员进行安全检查与协调

处1万元以下的罚款 ✛ 责令限期改正，处5万元以下的罚款

直接负责的主管人员和其他直接责任人员

逾期未改正

责令停产停业

第一百零四条

　　两个以上生产经营单位在同一作业区域内进行可能危及对方安全生产的生产经营活动，未签订安全生产管理协议或者未指定专职安全生产管理人员进行安全检查与协调的，责令限期改正，处五万元以下的罚款，对其直接负责的主管人员和其他直接责任人员处一万元以下的罚款；逾期未改正的，责令停产停业。

九十九、【生产经营场所和员工宿舍不符合安全要求的处罚】第一百零五条

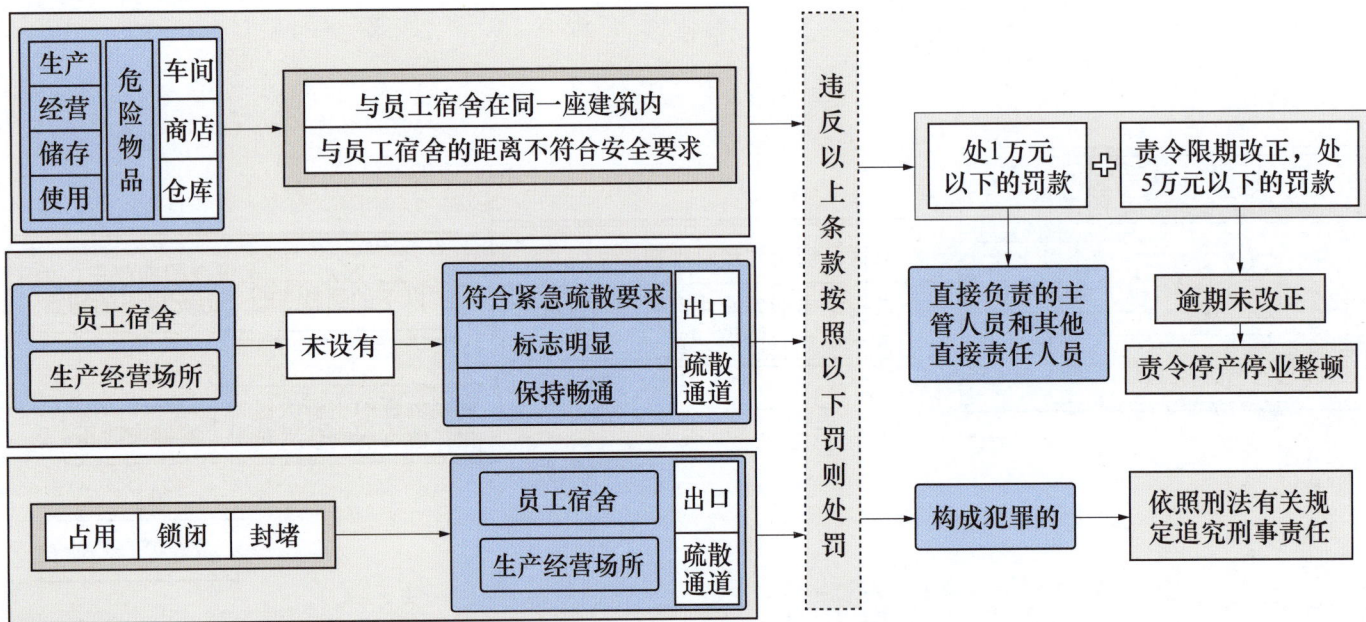

第一百零五条

生产经营单位有下列行为之一的，责令限期改正，处五万元以下的罚款，对其直接负责的主管人员和其他直接责任人员处一万元以下的罚款；逾期未改正的，责令停产停业整顿；构成犯罪的，依照刑法有关规定追究刑事责任：

（一）生产、经营、储存、使用危险物品的车间、商店、仓库与员工宿舍在同一座建筑内，或者与员工宿舍的距离不符合安全要求的；

（二）生产经营场所和员工宿舍未设有符合紧急疏散需要、标志明显、保持畅通的出口、疏散通道，或者占用、锁闭、封堵生产经营场所或者员工宿舍出口、疏散通道的。

一百、【免责协议处罚】第一百零六条

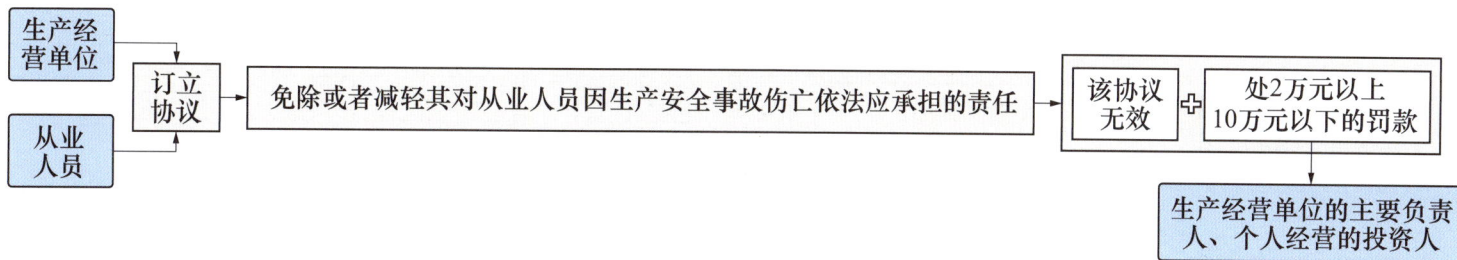

```
┌──────────┐
│ 生产经    │──┐
│ 营单位    │  │
└──────────┘  │   ┌──────┐   ┌────────────────────────────────────┐   ┌────────┐   ┌──────────────────┐
              ├──│ 订立 │──│ 免除或者减轻其对从业人员因生产安全事故伤亡依法应承担的责任 │──│ 该协议 │＋│ 处2万元以上       │
┌──────────┐  │   │ 协议 │   └────────────────────────────────────┘   │ 无效   │   │ 10万元以下的罚款  │
│ 从业      │──┘   └──────┘                                            └────────┘   └──────────────────┘
│ 人员      │                                                                              │
└──────────┘                                                                   ┌──────────────────────┐
                                                                               │ 生产经营单位的主要负责  │
                                                                               │ 人、个人经营的投资人    │
                                                                               └──────────────────────┘
```

第一百零六条

　　生产经营单位与从业人员订立协议，免除或者减轻其对从业人员因生产安全事故伤亡依法应承担的责任的，该协议无效；对生产经营单位的主要负责人、个人经营的投资人处二万元以上十万元以下的罚款。

一百零一、【从业人员不履行法定义务的处罚】第一百零七条

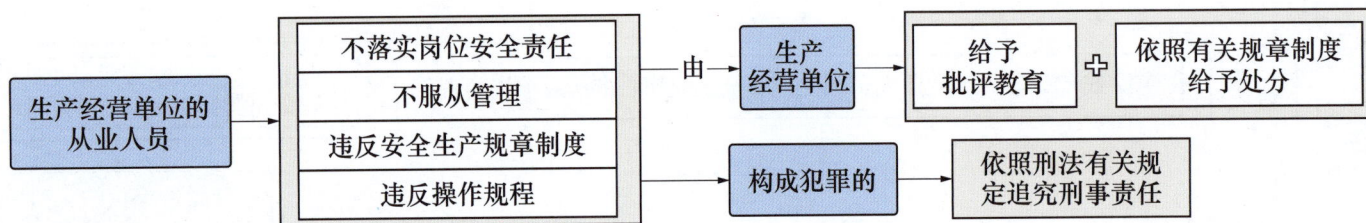

```
                        ┌─────────────────────┐           ┌──────────┐    ┌──────────┐  ┌────────────────┐
                        │  不落实岗位安全责任  │      由   │  生产    │    │  给予    │+ │ 依照有关规章制度 │
┌──────────────┐        ├─────────────────────┤  ──────→  │ 经营单位 │ ──→│ 批评教育 │  │  给予处分      │
│ 生产经营单位的│        │    不服从管理        │           └──────────┘    └──────────┘  └────────────────┘
│  从业人员    │ ──────→├─────────────────────┤
└──────────────┘        │  违反安全生产规章制度 │           ┌──────────┐    ┌────────────────┐
                        ├─────────────────────┤  ──────→  │ 构成犯罪的│ ──→│ 依照刑法有关规  │
                        │    违反操作规程      │           └──────────┘    │ 定追究刑事责任  │
                        └─────────────────────┘                           └────────────────┘
```

第一百零七条

　　生产经营单位的从业人员不落实岗位安全责任，不服从管理，违反安全生产规章制度或者操作规程的，由生产经营单位给予批评教育，依照有关规章制度给予处分；构成犯罪的，依照刑法有关规定追究刑事责任。

一百零二、【拒绝、阻碍监督检查的处罚】第一百零八条

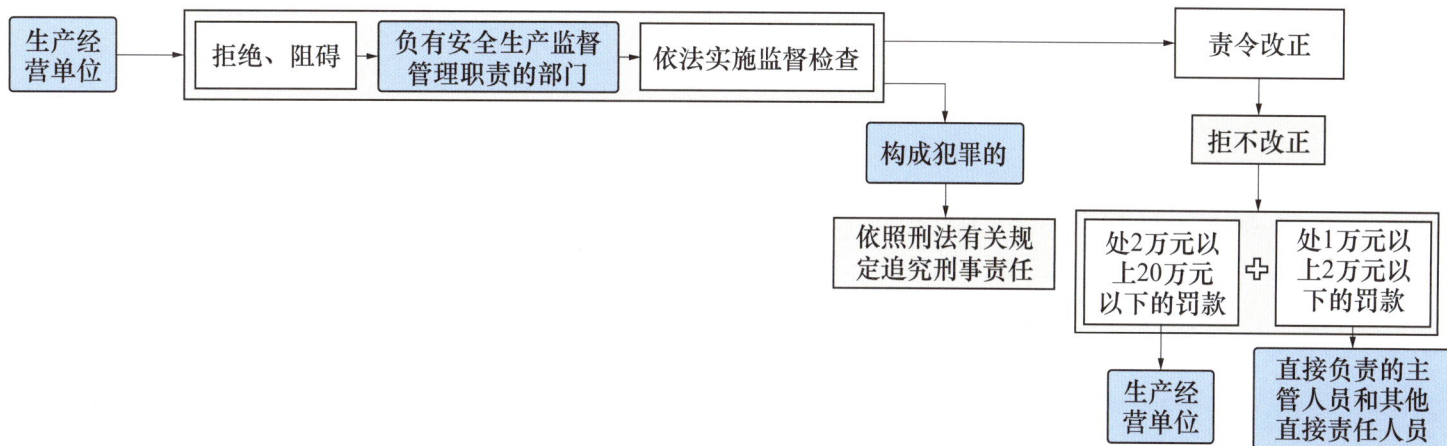

```
生产经          拒绝、阻碍      负有安全生产监督      依法实施监督检查                            责令改正
营单位                          管理职责的部门

                                          构成犯罪的                                               拒不改正

                                          依照刑法有关规                              处2万元以      处1万元以
                                          定追究刑事责任                              上20万元      上2万元以
                                                                                    以下的罚款      下的罚款

                                                                                    生产经          直接负责的主
                                                                                    营单位          管人员和其他
                                                                                                    直接责任人员
```

第一百零八条

　　违反本法规定，生产经营单位拒绝、阻碍负有安全生产监督管理职责的部门依法实施监督检查的，责令改正；拒不改正的，处二万元以上二十万元以下的罚款；对其直接负责的主管人员和其他直接责任人员处一万元以上二万元以下的罚款；构成犯罪的，依照刑法有关规定追究刑事责任。

一百零三、【未按规定投保安全生产责任保险的处罚】第一百零九条

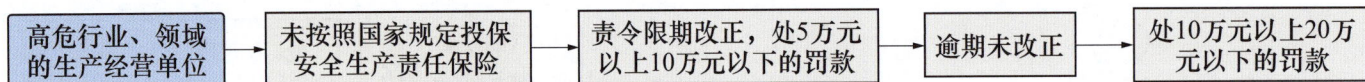

高危行业、领域的生产经营单位 → 未按照国家规定投保安全生产责任保险 → 责令限期改正，处5万元以上10万元以下的罚款 → 逾期未改正 → 处10万元以上20万元以下的罚款

第一百零九条

　　高危行业、领域的生产经营单位未按照国家规定投保安全生产责任保险的，责令限期改正，处五万元以上十万元以下的罚款；逾期未改正的，处十万元以上二十万元以下的罚款。

一百零四、【主要负责人事故处理期间违法行为的处罚】第一百一十条

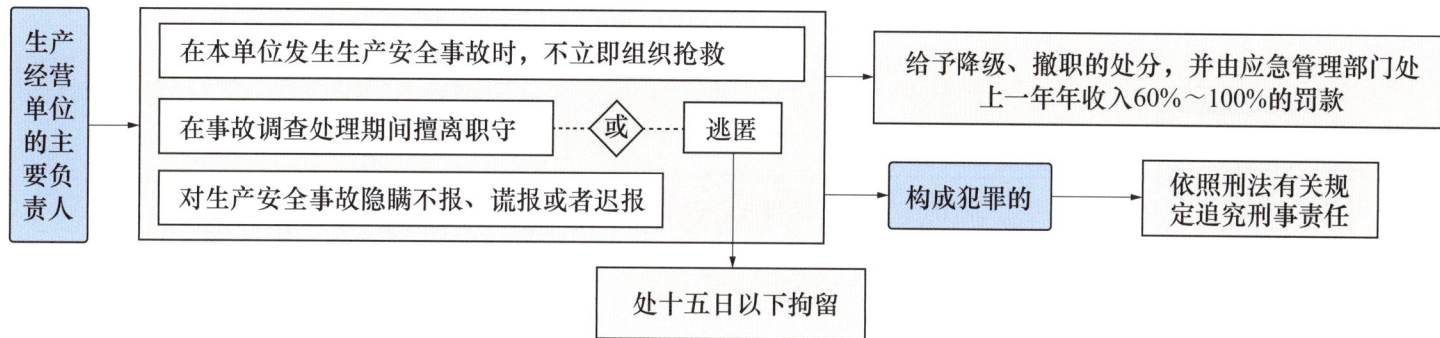

```
生产经营单位的主要负责人
  → 在本单位发生生产安全事故时，不立即组织抢救
    在事故调查处理期间擅离职守 …… 或 …… 逃匿
    对生产安全事故隐瞒不报、谎报或者迟报
```

给予降级、撤职的处分，并由应急管理部门处上一年年收入60%～100%的罚款

构成犯罪的 → 依照刑法有关规定追究刑事责任

处十五日以下拘留

第一百一十条

　　生产经营单位的主要负责人在本单位发生生产安全事故时，不立即组织抢救或者在事故调查处理期间擅离职守或者逃匿的，给予降级、撤职的处分，并由应急管理部门处上一年年收入百分之六十至百分之一百的罚款；对逃匿的处十五日以下拘留；构成犯罪的，依照刑法有关规定追究刑事责任。

　　生产经营单位的主要负责人对生产安全事故隐瞒不报、谎报或者迟报的，依照前款规定处罚。

一百零五、【政府部门瞒报、谎报、迟报事故情况的处罚】第一百一十一条

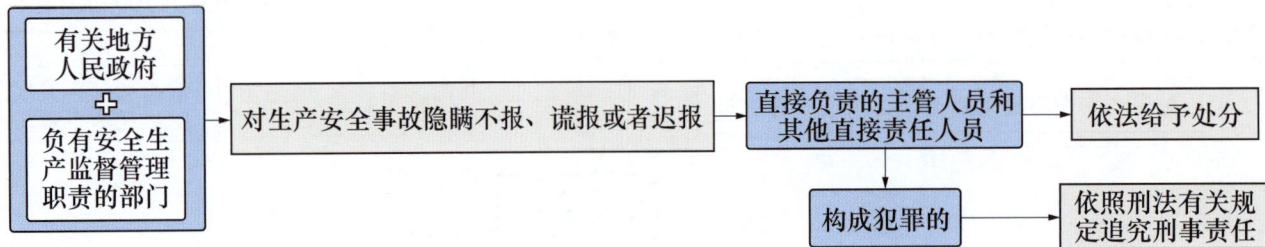

```
┌─────────────┐
│  有关地方    │
│  人民政府    │
├──── + ──────┤      ┌──────────────────────────┐     ┌──────────────────────┐     ┌──────────────┐
│  负有安全生  │ ───→ │ 对生产安全事故隐瞒不报、谎报或者迟报 │ ──→ │ 直接负责的主管人员和 │ ──→ │ 依法给予处分 │
│  产监督管理  │      └──────────────────────────┘     │   其他直接责任人员   │     └──────────────┘
│  职责的部门  │                                        └──────────────────────┘
└─────────────┘                                                    │
                                                                    ↓
                                                          ┌──────────────┐     ┌──────────────────┐
                                                          │  构成犯罪的  │ ──→ │ 依照刑法有关规    │
                                                          └──────────────┘     │ 定追究刑事责任   │
                                                                               └──────────────────┘
```

第一百一十一条

　　有关地方人民政府、负有安全生产监督管理职责的部门，对生产安全事故隐瞒不报、谎报或者迟报的，对直接负责的主管人员和其他直接责任人员依法给予处分；构成犯罪的，依照刑法有关规定追究刑事责任。

一百零六、【按日处罚规则】第一百一十二条

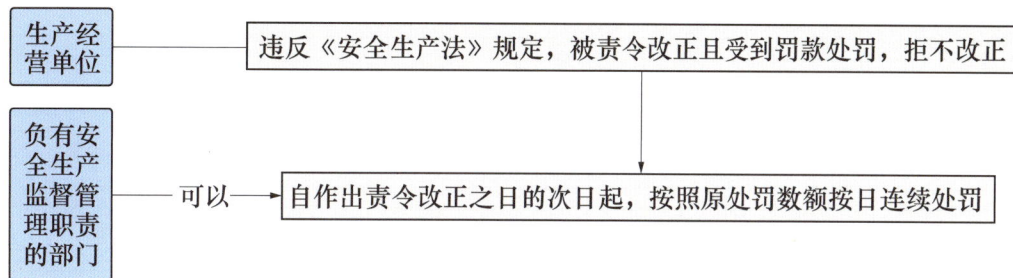

生产经营单位 —— 违反《安全生产法》规定，被责令改正且受到罚款处罚，拒不改正

负有安全生产监督管理职责的部门 —— 可以 —→ 自作出责令改正之日的次日起，按照原处罚数额按日连续处罚

第一百一十二条

　　生产经营单位违反本法规定，被责令改正且受到罚款处罚，拒不改正的，负有安全生产监督管理职责的部门可以自作出责令改正之日的次日起，按照原处罚数额按日连续处罚。

一百零七、【对存在重大安全隐患单位的处罚】第一百一十三条

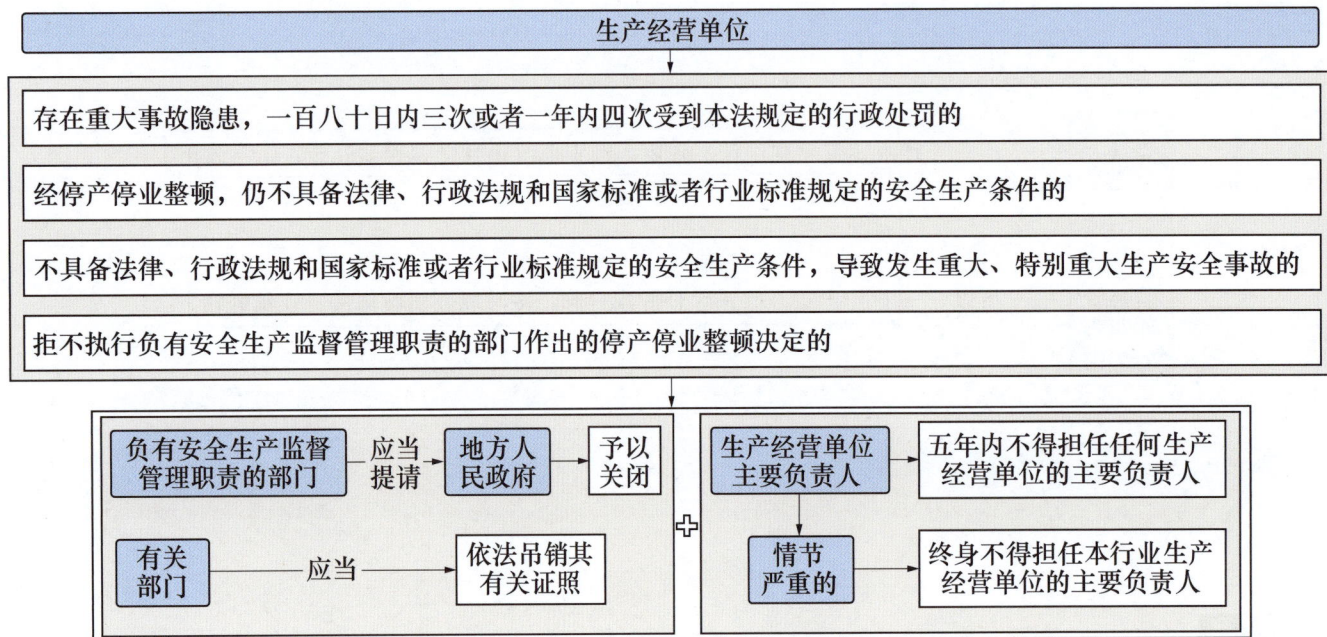

生产经营单位

存在重大事故隐患，一百八十日内三次或者一年内四次受到本法规定的行政处罚的

经停产停业整顿，仍不具备法律、行政法规和国家标准或者行业标准规定的安全生产条件的

不具备法律、行政法规和国家标准或者行业标准规定的安全生产条件，导致发生重大、特别重大生产安全事故的

拒不执行负有安全生产监督管理职责的部门作出的停产停业整顿决定的

| 负有安全生产监督管理职责的部门 | 应当提请 | 地方人民政府 | 予以关闭 |

| 有关部门 | 应当 | 依法吊销其有关证照 |

＋

| 生产经营单位主要负责人 | 五年内不得担任任何生产经营单位的主要负责人 |

| 情节严重的 | 终身不得担任本行业生产经营单位的主要负责人 |

第一百一十三条

　　生产经营单位存在下列情形之一的，负有安全生产监督管理职责的部门应当提请地方人民政府予以关闭，有关部门应当依法吊销其有关证照。生产经营单位主要负责人五年内不得担任任何生产经营单位的主要负责人；情节严重的，终身不得担任本行业生产经营单位的主要负责人：

　　（一）存在重大事故隐患，一百八十日内三次或者一年内四次受到本法规定的行政处罚的；

　　（二）经停产停业整顿，仍不具备法律、行政法规和国家标准或者行业标准规定的安全生产条件的；

　　（三）不具备法律、行政法规和国家标准或者行业标准规定的安全生产条件，导致发生重大、特别重大生产安全事故的；

　　（四）拒不执行负有安全生产监督管理职责的部门作出的停产停业整顿决定的。

一百零八、【按事故分级对责任单位的罚款】第一百一十四条

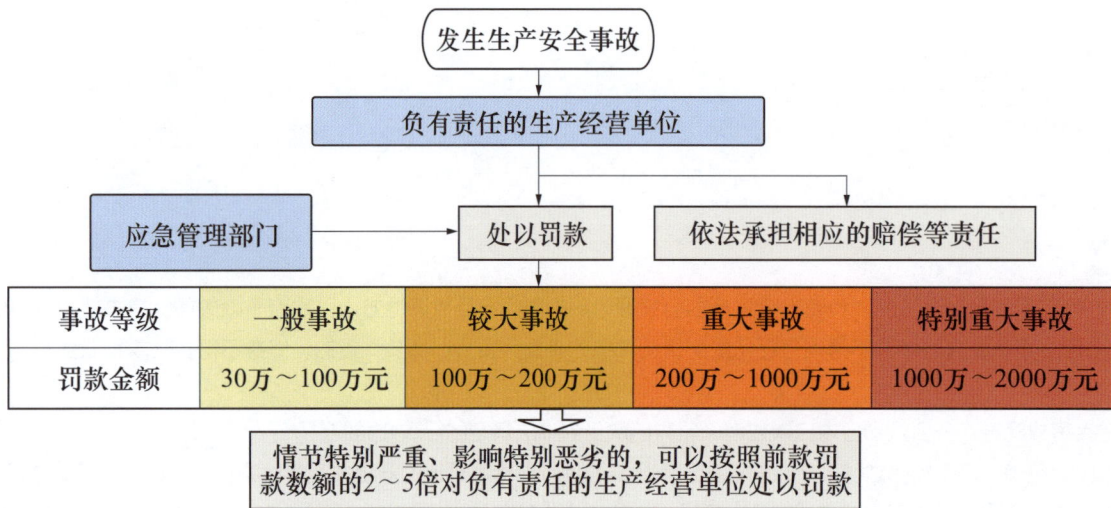

```
                    发生生产安全事故
                          │
                          ▼
                 负有责任的生产经营单位
                          │
          ┌───────────────┼───────────────┐
          │               ▼               ▼
     应急管理部门 ──→   处以罚款      依法承担相应的赔偿等责任
```

事故等级	一般事故	较大事故	重大事故	特别重大事故
罚款金额	30万～100万元	100万～200万元	200万～1000万元	1000万～2000万元

情节特别严重、影响特别恶劣的，可以按照前款罚款数额的2～5倍对负有责任的生产经营单位处以罚款

第一百一十四条

发生生产安全事故，对负有责任的生产经营单位除要求其依法承担相应的赔偿等责任外，由应急管理部门依照下列规定处以罚款：

（一）发生一般事故的，处三十万元以上一百万元以下的罚款；

（二）发生较大事故的，处一百万元以上二百万元以下的罚款；

（三）发生重大事故的，处二百万元以上一千万元以下的罚款；

（四）发生特别重大事故的，处一千万元以上二千万元以下的罚款。

发生生产安全事故，情节特别严重、影响特别恶劣的，应急管理部门可以按照前款罚款数额的二倍以上五倍以下对负有责任的生产经营单位处以罚款。

一百零九、【行政处罚权】第一百一十五条

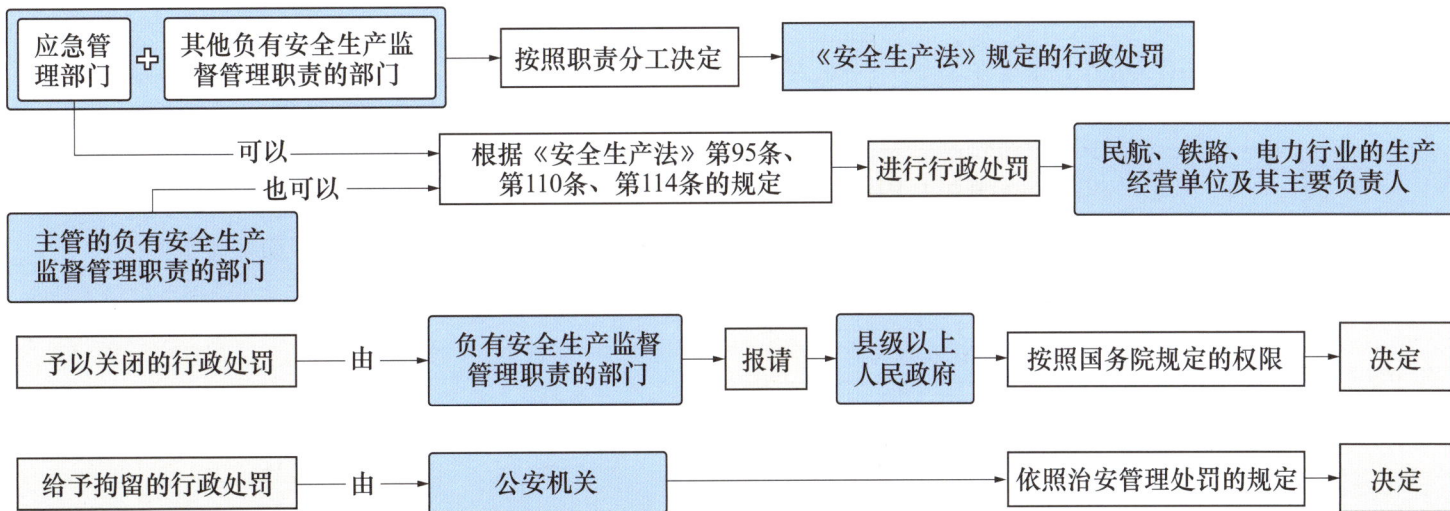

```
┌─────────┐   ┌──────────────────┐      ┌──────────────────┐      ┌────────────────────────┐
│应急管理 │ + │其他负有安全生产监│ ───→ │按照职责分工决定  │ ───→ │《安全生产法》规定的行政处罚│
│部门     │   │督管理职责的部门  │      └──────────────────┘      └────────────────────────┘
└─────────┘   └──────────────────┘
```

```
         ─── 可以 ───→  ┌──────────────────────┐           ┌──────────┐   ┌────────────────────┐
                        │根据《安全生产法》第95条、│ ───→      │进行行政处罚│   │民航、铁路、电力行业的生产│
         ─── 也可以 ──→ │第110条、第114条的规定 │           └──────────┘   │经营单位及其主要负责人    │
┌──────────────────┐   └──────────────────────┘                          └────────────────────┘
│主管的负有安全生产 │
│监督管理职责的部门 │
└──────────────────┘
```

```
┌──────────────┐       ┌──────────────┐   ┌──────┐   ┌──────────┐   ┌────────────────┐   ┌──────┐
│予以关闭的行政处罚│ ─由─→ │负有安全生产监督│ →│报请│→ │县级以上  │ → │按照国务院规定的权限│ → │决定│
└──────────────┘       │管理职责的部门  │   └──────┘   │人民政府  │   └────────────────┘   └──────┘
                       └──────────────┘              └──────────┘
```

```
┌──────────────┐       ┌──────────────┐                        ┌──────────────────┐   ┌──────┐
│给予拘留的行政处罚│ ─由─→ │公安机关       │ ───────────────────→   │依照治安管理处罚的规定│ → │决定│
└──────────────┘       └──────────────┘                        └──────────────────┘   └──────┘
```

第一百一十五条

　　本法规定的行政处罚，由应急管理部门和其他负有安全生产监督管理职责的部门按照职责分工决定；其中，根据本法第九十五条、第一百一十条、第一百一十四条的规定应当给予民航、铁路、电力行业的生产经营单位及其主要负责人行政处罚的，也可以由主管的负有安全生产监督管理职责的部门进行处罚。予以关闭的行政处罚，由负有安全生产监督管理职责的部门报请县级以上人民政府按照国务院规定的权限决定；给予拘留的行政处罚，由公安机关依照治安管理处罚的规定决定。

一百一十、【赔偿责任】第一百一十六条

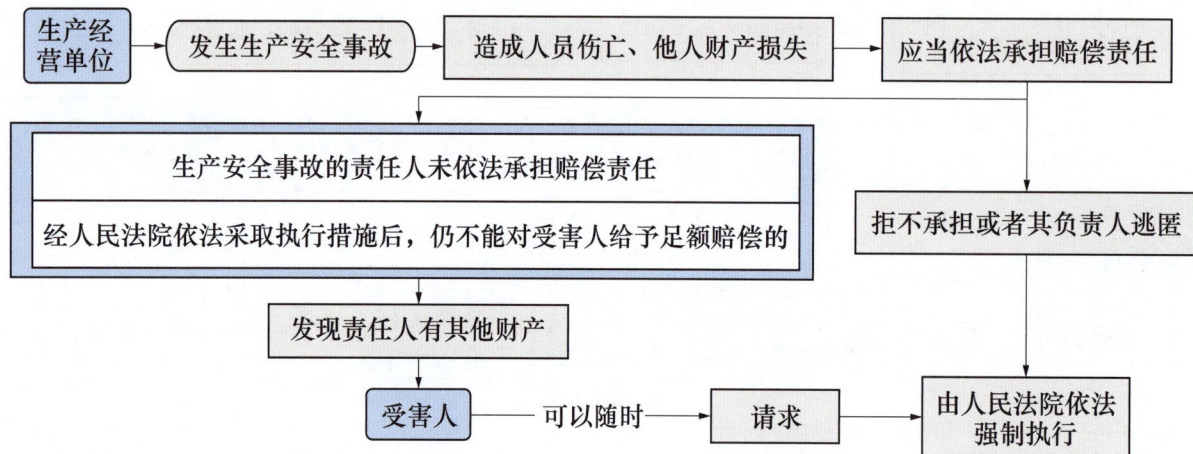

```
┌──────────┐   ┌────────────────┐   ┌────────────────────┐   ┌──────────────────┐
│生产经  │→ │发生生产安全事故│→ │造成人员伤亡、他人财产损失│→ │应当依法承担赔偿责任│
│营单位  │   └────────────────┘   └────────────────────┘   └──────────────────┘
└──────────┘         │                                              │
                     ↓                                              ↓
        ┌──────────────────────────────────────┐      ┌──────────────────┐
        │生产安全事故的责任人未依法承担赔偿责任    │      │拒不承担或者其负责人逃匿│
        │经人民法院依法采取执行措施后，仍不能对受害人给予足额赔偿的│  └──────────────────┘
        └──────────────────────────────────────┘              │
                     │                                          │
                     ↓                                          ↓
             ┌──────────────┐                          
             │发现责任人有其他财产│                        
             └──────────────┘                          
                     │                                    
                     ↓                                    
          ┌──────┐  可以随时  ┌──────┐      ┌──────────────┐
          │受害人│ ────────→ │请求  │ ───→ │由人民法院依法强制执行│
          └──────┘           └──────┘      └──────────────┘
```

第一百一十六条

　　生产经营单位发生生产安全事故造成人员伤亡、他人财产损失的，应当依法承担赔偿责任；拒不承担或者其负责人逃匿的，由人民法院依法强制执行。

　　生产安全事故的责任人未依法承担赔偿责任，经人民法院依法采取执行措施后，仍不能对受害人给予足额赔偿的，应当继续履行赔偿义务；受害人发现责任人有其他财产的，可以随时请求人民法院执行。

第七章　附　　则

一百一十一、【用语解释】第一百一十七条

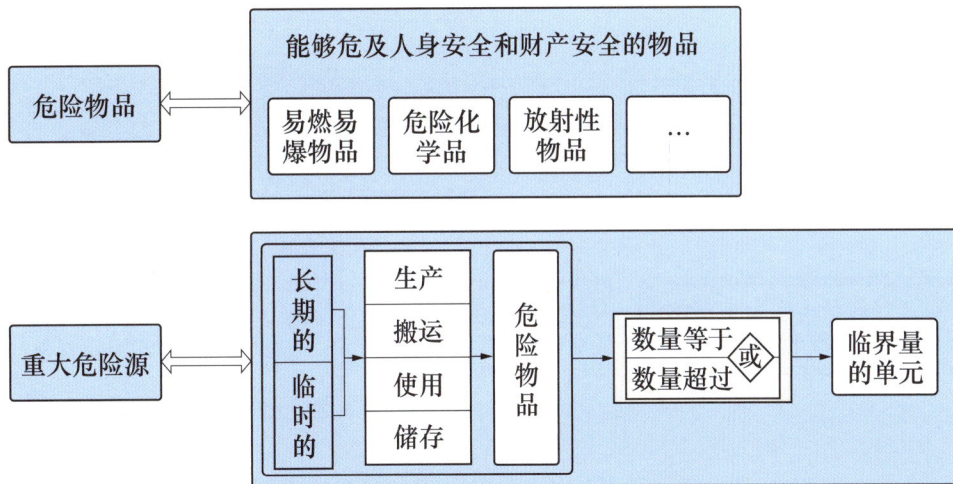

第一百一十七条

本法下列用语的含义：

危险物品，是指易燃易爆物品、危险化学品、放射性物品等能够危及人身安全和财产安全的物品。

重大危险源，是指长期地或者临时地生产、搬运、使用或者储存危险物品，且危险物品的数量等于或者超过临界量的单元（包括场所和设施）。

一百一十二、【事故及隐患的分级及判定标准】第一百一十八条

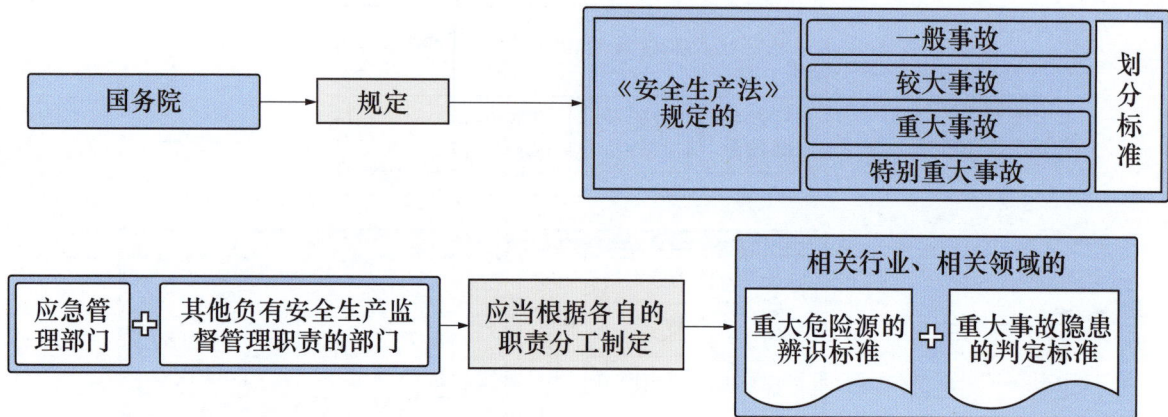

国务院 → 规定 → 《安全生产法》规定的：一般事故、较大事故、重大事故、特别重大事故 → 划分标准

应急管理部门 + 其他负有安全生产监督管理职责的部门 → 应当根据各自的职责分工制定 → 相关行业、相关领域的：重大危险源的辨识标准 + 重大事故隐患的判定标准

第一百一十八条

　　本法规定的生产安全一般事故、较大事故、重大事故、特别重大事故的划分标准由国务院规定。

　　国务院应急管理部门和其他负有安全生产监督管理职责的部门应当根据各自的职责分工，制定相关行业、领域重大危险源的辨识标准和重大事故隐患的判定标准。

一百一十三、【生效日期】第一百一十九条

《中华人民共和国安全生产法》发展历程

2002年6月29日	2009年8月27日	2014年8月31日	2021年6月10日
全国人民代表大会常务委员会通过，并于2002年11月1日起实施	全国人民代表大会常务委员会第一次修正，并于同日实施	全国人民代表大会常务委员会第二次修正，并于2014年12月1日实施	全国人民代表大会常务委员会第三次修正，并于2021年9月1日起实施

第一百一十九条

【生效日期】

本法自 2002 年 11 月 1 日起施行。

附录 A

《中华人民共和国刑法》
涉及的安全生产条款

（1979 年 7 月 1 日第五届全国人民代表大会第二次会议通过　1997 年 3 月 14 日第八届全国人民代表大会第五次会议修订　根据 1998 年 12 月 29 日第九届全国人民代表大会常务委员会第六次会议通过的《全国人民代表大会常务委员会关于惩治骗购外汇、逃汇和非法买卖外汇犯罪的决定》、1999 年 12 月 25 日第九届全国人民代表大会常务委员会第十三次会议通过的《中华人民共和国刑法修正案》、2001 年 8 月 31 日第九届全国人民代表大会常务委员会第二十三次会议通过的《中华人民共和国刑法修正案（二）》、2001 年 12 月 29 日第九届全国人民代表大会常务委员会第二十五次会议通过的《中华人民共和国刑法修正案（三）》、2002 年 12 月 28 日第九届全国人民代表大会常务委员会第三十一次会议通过的《中华人民共和国刑法修正案（四）》、2005 年 2 月 28 日第十届全国人民代表大会常务委员会第十四次会议通过的《中华人民共和国刑法修正案（五）》、2006 年 6 月 29 日第十届全国人民代表大会常务委员会第二十二次会议通过的《中华人民共和国刑法修正案（六）》、2009 年 2 月 28 日第十一届全国人民代表大会常务委员会第七次会议通过的《中华人民共和国刑法修正案（七）》、2009 年 8 月 27 日第十一届全国人民代表大会常务委员会第十次会议通过的《全国人民代表大会常务委员会关于修改部分法律的决定》、2011 年 2 月 25 日第十一届全国人民代表大会常务委员会第十九次会议通过的《中华人民共和国刑法修正案（八）》、2015 年 8 月 29 日第十二届全国人民代表大会常务委员会第十六次会议通过的《中华人民共和国刑法修正案（九）》、2017 年 11 月 4 日第十二届全国人民代表大会常务委员会第三十次会议通过的《中华人民共和国刑法修正案（十）》和 2020 年 12 月 26 日第十三届全国人民代表大会常务委员会第二十四次会议通过的《中华人民共和国刑法修正案（十一）》修正）

第一百三十四条　在生产、作业中违反有关安全管理的规定，因而发生重大伤亡事故或者造成其他严重后果的，处三年以下有期徒刑或者拘役；情节特别恶劣的，处三年以上七年以下有期徒刑。【重大责任事故罪】

强令他人违章冒险作业，或者明知存在重大事故隐患而不排除，仍冒险组织作业，因而发生重大伤亡事故或者造成其他严重后果的，处五年以下有期徒刑或者拘役；情节特别恶劣的，处五年以上有期徒刑。【强令、组织他人违章冒险作业罪】

第一百三十四条之一　在生产、作业中违反有关安全管理的规定，有下列情形之一，具有发生重大伤亡事故或者其他严重后果的现实危险的，处一年以下有期徒刑、拘役或者管制：

（一）关闭、破坏直接关系生产安全的监控、报警、防护、救生设备、设施，或者篡改、隐瞒、销毁其相关数据、信息的；

（二）因存在重大事故隐患被依法责令停产停业、停止施工、停止使用有关设备、设施、场所或者立即采取排除危险的整改措施，而拒不执行的；

（三）涉及安全生产的事项未经依法批准或者许可，擅自从事矿山开采、金属冶炼、建筑施工，以及危险物品生产、经营、储存等高度危险的生产作业活动的。【危险作业罪】

第一百三十五条　安全生产设施或者安全生产条件不符合国家规定，因而发生重大伤亡事故或者造成其他严重后果的，对直接负责的主管人员和其他直接责任人员，处三年以下有期徒刑或者拘役；情节特别恶劣

的，处三年以上七年以下有期徒刑。【重大劳动安全事故罪】

第一百三十五条之一 举办大型群众性活动违反安全管理规定，因而发生重大伤亡事故或者造成其他严重后果的，对直接负责的主管人员和其他直接责任人员，处三年以下有期徒刑或者拘役；情节特别恶劣的，处三年以上七年以下有期徒刑。【大型群众性活动重大安全事故罪】

第一百三十六条 违反爆炸性、易燃性、放射性、毒害性、腐蚀性物品的管理规定，在生产、储存、运输、使用中发生重大事故，造成严重后果的，处三年以下有期徒刑或者拘役；后果特别严重的，处三年以上七年以下有期徒刑。【危险物品肇事罪】

第一百三十七条 建设单位、设计单位、施工单位、工程监理单位违反国家规定，降低工程质量标准，造成重大安全事故的，对直接责任人员，处五年以下有期徒刑或者拘役，并处罚金；后果特别严重的，处五年以上十年以下有期徒刑，并处罚金。【工程重大安全事故罪】

第一百三十八条 明知校舍或者教育教学设施有危险，而不采取措施或者不及时报告，致使发生重大伤亡事故的，对直接责任人员，处三年以下有期徒刑或者拘役；后果特别严重的，处三年以上七年以下有期徒刑。【教育设施重大安全事故罪】

第一百三十九条 违反消防管理法规，经消防监督机构通知采取改正措施而拒绝执行，造成严重后果的，对直接责任人员，处三年以下有期徒刑或者拘役；后果特别严重的，处三年以上七年以下有期徒刑。【消防责任事故罪】

第一百三十九条之一 在安全事故发生后，负有报告职责的人员不报或者谎报事故情况，贻误事故抢救，情节严重的，处三年以下有期徒刑或者拘役；情节特别严重的，处三年以上七年以下有期徒刑。【不报、谎报

安全事故罪】

第二百二十九条 承担资产评估、验资、验证、会计、审计、法律服务、保荐、安全评价、环境影响评价、环境监测等职责的中介组织的人员故意提供虚假证明文件，情节严重的，处五年以下有期徒刑或者拘役，并处罚金；有下列情形之一的，处五年以上十年以下有期徒刑，并处罚金：

（一）提供与证券发行相关的虚假的资产评估、会计、审计、法律服务、保荐等证明文件，情节特别严重的；

（二）提供与重大资产交易相关的虚假的资产评估、会计、审计等证明文件，情节特别严重的；

（三）在涉及公共安全的重大工程、项目中提供虚假的安全评价、环境影响评价等证明文件，致使公共财产、国家和人民利益遭受特别重大损失的。

有前款行为，同时索取他人财物或者非法收受他人财物构成犯罪的，依照处罚较重的规定定罪处罚。【提供虚假证明文件罪】

第一款规定的人员，严重不负责任，出具的证明文件有重大失实，造成严重后果的，处三年以下有期徒刑或者拘役，并处或者单处罚金。【出具证明文件重大失实罪】

第三百九十七条 国家机关工作人员滥用职权或者玩忽职守，致使公共财产、国家和人民利益遭受重大损失的，处三年以下有期徒刑或者拘役；情节特别严重的，处三年以上七年以下有期徒刑。本法另有规定的，依照规定。

国家机关工作人员徇私舞弊，犯前款罪的，处五年以下有期徒刑或者拘役；情节特别严重的，处五年以上十年以下有期徒刑。本法另有规定的，依照规定。【滥用职权罪】【玩忽职守罪】

附录 B

最高人民法院　最高人民检察院关于办理危害生产安全刑事案件适用法律若干问题的解释（二）

中华人民共和国最高人民法院
中华人民共和国最高人民检察院
公　告

《最高人民法院、最高人民检察院关于办理危害生产安全刑事案件适用法律若干问题的解释（二）》已于2022年9月19日由最高人民法院审判委员会第1875次会议、2022年10月25日由最高人民检察院第十三届检察委员会第一百零六次会议通过，现予公布，自2022年12月19日起施行。

最高人民法院　最高人民检察院
2022年12月15日

法释〔2022〕19 号
最高人民法院　最高人民检察院
关于办理危害生产安全刑事案件适用法律若干问题的解释（二）

（2022 年 9 月 19 日最高人民法院审判委员会第 1875 次会议、2022 年 10 月 25 日最高人民检察院第十三届检察委员会第一百零六次会议通过，自 2022 年 12 月 19 日起施行）

为依法惩治危害生产安全犯罪，维护公共安全，保护人民群众生命安全和公私财产安全，根据《中华人民共和国刑法》《中华人民共和国刑事诉讼法》和《中华人民共和国安全生产法》等规定，现就办理危害生产安全刑事案件适用法律的若干问题解释如下：

第一条　明知存在事故隐患，继续作业存在危险，仍然违反有关安全管理的规定，有下列情形之一的，属于刑法第一百三十四条第二款规定的"强令他人违章冒险作业"：

（一）以威逼、胁迫、恐吓等手段，强制他人违章作业的；

（二）利用组织、指挥、管理职权，强制他人违章作业的；

（三）其他强令他人违章冒险作业的情形。

明知存在重大事故隐患，仍然违反有关安全管理的规定，不排除或者故意掩盖重大事故隐患，组织他人作业的，属于刑法第一百三十四条第二款规定的"冒险组织作业"。

第二条　刑法第一百三十四条之一规定的犯罪主体，包括对生产、作业负有组织、指挥或者管理职责的负责人、管理人员、实际控制人、投资人等人员，以及直接从事生产、作业的人员。

第三条　因存在重大事故隐患被依法责令停产停业、停止施工、停止使用有关设备、设施、场所或者立即采取排除危险的整改措施，有下列情形之一的，属于刑法第一百三十四条之一第二项规定的"拒不执行"：

（一）无正当理由故意不执行各级人民政府或者负有安全生产监督管理职责的部门依法作出的上述行政决定、命令的；

（二）虚构重大事故隐患已经排除的事实，规避、干扰执行各级人民政府或者负有安全生产监督管理职责的部门依法作出的上述行政决定、命令的；

（三）以行贿等不正当手段，规避、干扰执行各级人民政府或者负有安全生产监督管理职责的部门依法作出的上述行政决定、命令的。

有前款第三项行为，同时构成刑法第三百八十九条行贿罪、第三百九十三条单位行贿罪等犯罪的，依照数罪并罚的规定处罚。

认定是否属于"拒不执行"，应当综合考虑行政决定、命令是否具有法律、行政法规等依据，行政决定、命令的内容和期限要求是否明确、合理，行为人是否具有按照要求执行的能力等因素进行判断。

第四条　刑法第一百三十四条第二款和第一百三十四条之一第二项规定的"重大事故隐患"，依照法律、行政法规、部门规章、强制性标准以及有关行政规范性文件进行认定。

刑法第一百三十四条之一第三项规定的"危险物品"，依照安全生产法第一百一十七条的规定确定。

对于是否属于"重大事故隐患"或者"危险物品"难以确定的，可以依据司法鉴定机构出具的鉴定意见、地市级以上负有安全生产监督管理职责的部门或者其指定的机构出具的意见，结合其他证据综合审查，依法作出认定。

第五条　在生产、作业中违反有关安全管理的规定，有刑法第一百三十四条之一规定情形之一，因而发生重大伤亡事故或者造成其他严重后果，构成刑法第一百三十四条、第一百三十五条至第一百三十九条等规定的重大责任事故罪、重大劳动安全事故罪、危险物品肇事罪、工程重大安全事故罪等犯罪的，依照该规定定罪处罚。

第六条　承担安全评价职责的中介组织的人员提供的证明文件有下列情形之一的，属于刑法第二百二十九条第一款规定的"虚假证明文件"：

（一）故意伪造的；

（二）在周边环境、主要建（构）筑物、工艺、装置、设备设施等重要内容上弄虚作假，导致与评价期间实际情况不符，影响评价结论的；

（三）隐瞒生产经营单位重大事故隐患及整改落实情况、主要灾害等级等情况，影响评价结论的；

（四）伪造、篡改生产经营单位相关信息、数据、技术报告或者结论等内容，影响评价结论的；

（五）故意采用存疑的第三方证明材料、监测检验报告，影响评价结论的；

（六）有其他弄虚作假行为，影响评价结论的情形。

生产经营单位提供虚假材料、影响评价结论，承担安全评价职责的中介组织的人员对评价结论与实际情况不符无主观故意的，不属于刑法第二百二十九条第一款规定的"故意提供虚假证明文件"。

有本条第二款情形，承担安全评价职责的中介组织的人员严重不负责任，导致出具的证明文件有重大失实，造成严重后果的，依照刑法第二百二十九条第三款的规定追究刑事责任。

第七条 承担安全评价职责的中介组织的人员故意提供虚假证明文件，有下列情形之一的，属于刑法第二百二十九条第一款规定的"情节严重"：

（一）造成死亡一人以上或者重伤三人以上安全事故的；

（二）造成直接经济损失五十万元以上安全事故的；

（三）违法所得数额十万元以上的；

（四）两年内因故意提供虚假证明文件受过两次以上行政处罚，又故意提供虚假证明文件的；

（五）其他情节严重的情形。

在涉及公共安全的重大工程、项目中提供虚假的安全评价文件，有下列情形之一的，属于刑法第二百二十九条第一款第三项规定的"致使公共财产、国家和人民利益遭受特别重大损失"：

（一）造成死亡三人以上或者重伤十人以上安全事故的；

（二）造成直接经济损失五百万元以上安全事故的；

（三）其他致使公共财产、国家和人民利益遭受特别重大损失的情形。

承担安全评价职责的中介组织的人员有刑法第二百二十九条第一款行为，在裁量刑罚时，应当考虑其行为手段、主观过错程度、对安全事故的发生所起作用大小及其获利情况、一贯表现等因素，综合评估社会危害性，依法裁量刑罚，确保罪责刑相适应。

第八条 承担安全评价职责的中介组织的人员，严重不负责任，出具的证明文件有重大失实，有下列情形之一的，属于刑法第二百二十九条第三款规定的"造成严重后果"：

（一）造成死亡一人以上或者重伤三人以上安全事故的；

（二）造成直接经济损失一百万元以上安全事故的；

（三）其他造成严重后果的情形。

第九条　承担安全评价职责的中介组织犯刑法第二百二十九条规定之罪的，对该中介组织判处罚金，并对其直接负责的主管人员和其他直接责任人员，依照本解释第七条、第八条的规定处罚。

第十条　有刑法第一百三十四条之一行为，积极配合公安机关或者负有安全生产监督管理职责的部门采取措施排除事故隐患，确有悔改表现，认罪认罚的，可以依法从宽处罚；犯罪情节轻微不需要判处刑罚的，可以不起诉或者免予刑事处罚；情节显著轻微危害不大的，不作为犯罪处理。

第十一条　有本解释规定的行为，被不起诉或者免予刑事处罚，需要给予行政处罚、政务处分或者其他处分的，依法移送有关主管机关处理。

第十二条　本解释自 2022 年 12 月 19 日起施行。最高人民法院、最高人民检察院此前发布的司法解释与本解释不一致的，以本解释为准。

附录 C

有关安全生产法律法规

一、与安全生产法同位阶的单行法

《中华人民共和国矿山安全法》

《中华人民共和国煤炭法》

《中华人民共和国建筑法》

《中华人民共和国消防法》

《中华人民共和国道路交通安全法》

《中华人民共和国特种设备安全法》

二、与安全生产法相关的法律

《中华人民共和国劳动法》

《中华人民共和国劳动合同法》

《中华人民共和国职业病防治法》

《中华人民共和国突发事件应对法》

《中华人民共和国刑法》

《中华人民共和国行政处罚法》

《中华人民共和国行政复议法》

《中华人民共和国行政监察法》

三、与安全生产法配套的法规

《安全生产许可证条例》

《危险化学品生产企业安全生产许可证实施办法》

《生产安全事故应急条例》

《生产安全事故应急预案管理办法》

《安全生产事故隐患排查治理暂行规定》

《生产安全事故报告和调查处理条例》

《电力安全事故应急处置和调查处理条例》

《建设工程安全生产管理条例》

《危险性较大的分部分项工程安全管理规定》

《危险化学品安全管理条例》

《危险化学品重大危险源监督管理暂行规定》

《危险化学品建设项目安全监督管理办法》

《危险化学品输送管道安全管理规定》

《使用有毒物品作业场所劳动保护条例》

《易制毒化学品管理条例》

《特种设备安全监察条例》

《煤矿安全监察条例》

《尾矿库安全监督管理规定》

《国务院关于预防煤矿生产安全事故的特别规定》

《大型群众性活动安全管理条例》

《生产经营单位安全培训规定》

《安全生产培训管理办法》

《安全生产事故隐患排查治理暂行规定》

《生产安全事故信息报告和处置办法》

《特种作业人员安全技术培训考核管理规定》

《工贸行业重大生产安全事故隐患判定标准》

《建设工程消防监督管理规定》

《高层民用建筑消防安全管理规定》

《民用爆炸物品安全管理条例》

《工作场所职业卫生监督管理规定》

《职业病危害因素分类目录》

《安全生产违法行为行政处罚办法》

《工伤保险条例》

《女职工劳动保护特别规定》

《劳动保障监察条例》